그때 그 노래가 들렸다

그때 그 노래가 들렸다
기억 중추에 들러붙어 영원히 잊히지 않을 노래들

초 판 1쇄 2025년 08월 26일

지은이 정한빛
펴낸이 류종렬

펴낸곳 미다스북스
본부장 임종익
편집장 이다경, 김가영
디자인 임인영, 윤가희
책임진행 이예나, 김요섭, 안채원, 김은진

등록 2001년 3월 21일 제2001-000040호
주소 서울시 마포구 양화로 133 서교타워 711호
전화 02) 322-7802~3
팩스 02) 6007-1845
블로그 http://blog.naver.com/midasbooks
전자주소 midasbooks@hanmail.net
페이스북 https://www.facebook.com/midasbooks425
인스타그램 https://www.instagram.com/midasbooks

© 정한빛, 미다스북스 2025, *Printed in Korea*.

ISBN 979-11-7355-373-8 03810

값 19,500원

※ 파본은 구입하신 서점에서 교환해드립니다.
※ 이 책에 실린 모든 콘텐츠는 미다스북스가 저작권자와의 계약에 따라 발행한 것이므로 인용하시거나 참고하실 경우 반드시 본사의 허락을 받으셔야 합니다.

미다스북스는 다음세대에게 필요한 지혜와 교양을 생각합니다.

기억 중추에 들러붙어
영원히 잊히지 않을 노래들

○ 정한빛 지음

A 그때 그 노래가 들렸다

미다스북스

Intro. 이 소년은 자라서 8

낭만이란 배를 타고

- *Track 1.* 곧 죽어도 낭만 13
- *Track 2.* 일정 연수 튀고 락페 간 썰 16
- *Track 3.* 로드 투 헤븐 23
- *Track 4.* 달밤에 군산 오름 정상에서 춤추는 이 보인다면 28
- *Track 5.* 21세기 사이키델릭 33
- *Track 6.* 첫눈 내리는 날 39

청춘은 불꽃이어라

- *Track 1.* 펑크가 뭐냐고 묻거든 45
- *Track 2.* 운동회 줄다리기 입장하다 울컥한 사연 58
- *Track 3.* 가시는 눈물이 녹인다 65
- *Track 4.* 뭐라고 말 좀 해봐요 71
- *Track 5.* 도와줘요 레전드 리 79
- *Track 6.* 포스트모더니즘과 레전드 리의 상관관계 88
- *Track 7.* 내 장례식엔 이 노래를 틀어줘요 104

내 삶의 이유

- *Track 1.* 지금은 때가 아니에요 111
- *Track 2.* 그때 그 노래가 들렸고, 나는 울었다 116
- *Track 3.* 천 번이 뭐야, 셀 수 없을 만큼 더 121
- *Track 4.* 제철 노래 128
- *Track 5.* 인생 최대의 업적 131
- *Track 6.* 내 인생의 OST 143
- *Track 7.* 눈물을 위한 변명 145

당신이 있었다면 더 좋았을 텐데

- *Track 1.* 그 불빛 꺼지지 않게 153
- *Track 2.* 영장류 역사상 최고의 엔터테이너 161
- *Track 3.* 천국에도 DJ가 필요했나요 172
- *Track 4.* 널 떠올릴 때마다 나는 늘 진다 189

손에 손잡고

- *Track 1.* 행복의 나라로 갑시다   197
- *Track 2.* 그날까지 전쟁은 어디에나 있는 거야   202
- *Track 3.* No one likes us, We don't care   209

때가 되면 다시 필 걸

- *Track 1.* 사기꾼 K에게 감사하는 이유   217
- *Track 2.* 우연히 그때 비구름을 통과하고 있었을 뿐   223
- *Track 3.* 잡음을 없애는 방법   227
- *Track 4.* 가자, 우리만 아는 그곳으로   230
- *Track 5.* 다가와, 있는 그대로의 네 모습 그대로   235

내 마음이 가는 대로

- **Track 1.** 하고 싶으면 하는 거지 뭐 243
- **Track 2.** 꿈꿀 수 있다면 그것은 현실이다 248
- **Track 3.** 도화지의 여백을 채우는 방법 255
- **Track 4.** 파도와 바람은 무죄 260
- **Track 5.** 오늘은 아빠가 주인공 266
- **Track 6.** 끝날 때까지 끝난 게 아니다 274

Interlude. 유전자는 음악을 싣고 280
Outro. 스페셜 땡스 투 290

Intro.

이 소년은 자라서

1994년, 초등학교 수학여행단을 실은 버스가 도로를 달리고 있었다. 버스에는 서귀중앙초등학교 6학년 7반, 45명의 학생이 타고 있었다. 거의 모든 관광버스에 노래방 기계가 설치되어 있던 시절이었다. 다음 코스로 이동할 때마다 인싸[1] 친구들이 최신 히트곡을 부르며 분위기를 띄웠다.

김건모의 〈핑계〉, 015B의 〈신인류의 사랑〉, 투투의 〈일과 이분의 일〉, 마로니에의 〈칵테일 사랑〉, 김민교의 〈마지막 승부〉… 아마도 이런 노래들이 불렸을 것이다. 분위기가 한창 무르익을 무렵, 한 소년이 분위기를 된통 깨는 노래를 선곡했다.

〈향수〉? 노래 제목 특이하네. 누구 노래지? 노래가 시작되자 구수한 멜로디가 흘러나왔다. 이 노래 아는 사람? 맨 앞자

---

[1] 친구들과 잘 어울려 노는 활기찬 사람들을 일컫는 신조어

리에 앉아있던 담임 선생님은 노래를 아시는지 살짝 당황한 표정을 지어 보이셨다. 소년은 아랑곳하지 않고 노래를 불렀다.

> 넓은 벌 동쪽 끝으로 옛이야기 지줄대는,
> 실개천이 휘돌아 나가고,
> 얼룩빼기 황소가 해설피 금빛- 게으른 울음을 우는 곳.
> 그곳이 차마 꿈엔들 잊힐 리야. 우우우우-
>
> - 이동원, 〈향수〉

갑자기 분위기 〈6시 내고향〉? 그런데 노래가 창밖 풍경과 어울릴 건 또 뭐람? 처음엔 수학여행의 맥을 끊는다며 웅성대던 친구들도 소년의 미성이 흘러나오자 그새 감상 모드가 되었다. 문제는 이 노래가 5절까지 이어진다는 사실이었다. 5절이 시작되자 버스 뒤에서 소요 사태가 일어났다.

"뭐야? 안 끝났어? 애국가도 4절인데 너무 하는 거 아냐?"
"1절만 하라는 말 안 들어봄?"
"네버 엔딩 스토리야, 뭐야? 이 노래 10절까지 있는 거 아님? 설마 다 부를 거?"

소년은 기죽지 않고 노래를 이어갔다. 소요 사태가 진정되지 않자 선생님께서 한마디 하셨다.
"노래가 좋긴 한데 여기서 끊어야겠다."

버스에서는 다시 〈1994 가요톱텐〉 히트곡 퍼레이드가 이어졌다. 노래를 끝까지 부르지 못해 상심한 소년은 그날의 기억을 아쉬움으로 간직한 채 무럭무럭 자랐다. 이 소년은 훗날 노래 가사를 소재로 한 책을 쓰게 되는데… 그 소년이 바로 나고, 훗날 그가 쓴 책이 바로 이 책이다.

여기까지 읽고, '뭐야? 이 사람 취향이 탑골[2] 바이브였어?' 하며 책을 덮지 않기를 바란다. 나이가 들며 다양한 음악을 접하다 보면 취향의 폭은 넓어지고 깊이는 깊어지기 마련이다. 소년은 프로 궁금러[3]답게 펑크, 헤비메탈, 블루스, 포크, R&B, 팝, 힙합, EDM 등 세상 거의 모든 장르의 음악을 섭렵하며 잡식성 취향을 확립해 나갔다. 그 와중에 그의 사연과 결합한 노래들은 기억 중추에 들러붙어 영원히 잊히지 않을 노래가 되었다. 이 책은 그 노래들의 모음집이다.

[2] 과거에 머물러 있는 사람들을 농담조로 일컫는 신조어
[3] 뭐든지 궁금해하는 사람들을 일컫는 신조어

낭만이란 배를 타고

우린 낭만이란 배를 타고 떠나갈 거야.

- 이세계, <낭만젊음사랑>

Track 1.

곧 죽어도 낭만

♬ <낭만젊음사랑> - 이세계

 여행을 떠났다. 멤버는 뜬잡모(뜬구름 잡는 모임) 요원 4명. 영국의 구름 감상 협회에 착안하여 만든 이 모임은 예쁜 구름 모양을 발견할 때마다 단톡방에 사진을 공유하는 모임이다. '아무리 바빠도 하늘은 보고 살자'라는 슬로건 아래 2021년 설립되었다. 캐치프레이즈는 '뜬구름 잡고 자빠졌네'.
 하는 일은 별거 없다. 예쁜 구름을 발견할 때마다 단톡방에 사진을 올리면 된다. 구름 사진에 따른 보상? 없다. 구름 사진 안 올리면 벌칙? 없다. 회비? 없다. 계획? 없다. 이토록 무해한 비영리 단체라니! 이 모임의 초대 회장은 한량이 꿈이다. 이름도 한빛에서 한량으로 개명할까 고민 중이다. 눈치챘겠지만 그 사람이 바로 나다. 그날의 여행 코스도 내가 짰다.
 모든 구성원이 민주주의자인 우리는 BGM도 돌아가며 튼다. 오늘의 첫 곡은 뜬잡모 요원 A가 선곡했다. 스피커에서 귀에 익은 노래가 흘러나왔다.

> 우린 낭만이란 배를 타고 떠나갈 거야.
> 우린 젊음이란 배를 타고 떠나갈 거야.
> 우린 사랑이란 배를 타고 떠나갈 거야.
> 아무것도 모르지만 우린 괜찮을 거야.
>
> — 이세계, 〈낭만젊음사랑〉

"이 노래 제목이 뭐야?"

"낭만젊음사랑."

"요즘 이 노래 BGM으로 자주 나오더라. 너넨 낭만, 젊음, 사랑 중 뭐가 가장 중요하다고 생각해?"

뜬잡모 요원 A가 말했다.

"난 젊음! 젊으면 사랑도, 낭만도 다 쉬워지잖아. 아, 푸릇 푸릇했던 그 시절로 돌아가고 싶다."

너는 청춘파구나. 오케이, 접수.

요원 B가 맞받아쳤다.

"나는 사랑. 사랑에 빠지면 젊어지잖아? 그럼 낭만도 자동으로 따라오지 않을까?"

오, 요원 B, 너한테 이런 면이. 너는 심수봉 파구나(심수봉은 〈사랑밖에 난 몰라〉를 불렀다). 오케이, 접수.

요원 C, 한량이가 말했다.

"나는 낭만. 낭만만 있으면 젊게 살아갈 수 있어. 낭만에 빠지면 세상 모든 걸 사랑할 수 있지."

나는 곧 죽어도 낭만파다.

그 낭만파 청년이 프리랜서(라 쓰고 자발적 백수라 읽는다) 전환을 앞두고 직장을 찾았다. 학교운영위원회 자료를 결재받으러 행정실에 갔더니 실장님이 웃으며 반겨주셨다.

"학교 그만두신다더니 얼굴이 좋아지셨어요."

웃으며 대답했다.

"세상이 이렇게 아름다운 줄 몰랐어요. 길가에 핀 들꽃 하나에도 웃음이 절로 나와요."

당분간은 지금의 기분을 만끽해야겠다. 언제 끝날지 모를 지금의 기분을. 이 자유를, 이 낭만을. 그러다 보면 얼어 죽을 낭만 같은 소리 하고 자빠졌네 하는 소리가 들려오겠지. 일은 그때 시작해도 늦지 않다. 지금은 일단 떠나가련다. 낭만이란 배를 타고.

Track 2.

일정 연수 튀고 락페 간 썰

♪ <Starlight> - Muse

    2010년 8월의 어느 금요일 오후, 내가 있던 장소를 정확히 기억한다. 탐라교육원. 교사 4년 차였으니 나는 분명 그곳에 있었을 것이다. 아니, 그곳에 있어야만 했다. 대한민국의 모든 초등 교사는 경력 4년 차에 1급 정교사 연수(이하 일정 연수)를 받아야 하기 때문이다.

    당시에도 나는 한량이었다. 지금은 자기만의 주관이 뚜렷한 한량이란 평가를 받지만, 그땐 그냥 한량이었다. 선생님들도 20대부터 한량 모드로 살아가는 내가 걱정되긴 했나 보다. 연수가 시작되기도 전에 조언을 가장한 잔소리가 내 귀로 예약 발송되었다. 나의 일정 연수가 시작되기만을 기다렸다는 듯이.

    "잘 생각해야 해. 일정 연수는 다른 연수랑 달라."

    "지금 나이부터 승진 준비할 필요는 없지만, 일정 점수는 무조건 잘 받아둬. 일정 성적 안 좋으면 나중에 승진 준비할 때 두고두고 후회하게 될 거야."

이런 식의 조언을 귀에 못이 박히도록 듣다 보니 '일정 연수가 정말 중요하긴 한가 보다. 이왕 하는 거 열심히 해보자.'라는 결심을 하기에 이르렀다. 공부 못하는 친구들의 공통점은 공부 외적인 부분에 너무 많은 신경을 쓴다는 것이다. 막상 열심히 하려고 마음먹으니 출퇴근 거리가 마음에 걸렸다. 서귀포 집에서 출근하는 데 걸리는 시간은 45분. 출퇴근 시간을 아끼기 위해 연수원 근처에 숙소를 구하기로 했다. 그 시간 아껴서 공부할 것도 아니면서.

혼자 살기엔 월세가 부담되어 서귀포 친구 S를 꼬드겼다. S는 흔쾌히 제안을 수락했다. 한 달 동안만 살 월세방을 구하는 건 쉽지 않았다. 하루에도 수십 번씩 부동산 월세 거래 사이트를 들락날락한 끝에 숙소와 가까우면서 가격도 싼 집을 발견했다. 집주인은 제주대학교 학생이었다. 방학 기간에 자기가 사는 집이 빈다며 시세보다 저렴한 가격에 월세를 내놓는다고 했다. 이게 웬 떡이냐? 집을 보러 가기로 한 날, 나에게 급한 일이 생기는 바람에 친구 S를 대신 보냈다. S는 그 집에서 봉변을 당하게 되는데…

사연인즉슨, 친구가 그 집 초인종을 누르자마자 집주인이

난처해하더니 "아, 남자분이시군요. 동거는 어렵습니다." 하며 문전박대했다는 것이다. 동거? 무슨 말이지? 숫기 없는 친구는 영문도 모른 채 사과 인사를 하고 나왔다며, 나에게 우리가 남자인 걸 말 안 했냐고 했다. 나는 분명히 성별에 대한 제한 조건은 없었다고 했다. 도대체 무슨 오해가 있었던 걸까? 아마도 집주인은 게시판의 내 이름(한빛)을 보고 나를 여자로 알았던 것 같다. 한마디로 여자 룸메이트 커플인 줄 알고 집을 보러 오라고 했는데, 웬 남정네가 찾아왔으니 남녀 동거 커플인 줄 알고 문전박대했던 것.

싸면서 좋은 숙소를 찾는 건 역시나 어려웠고, 우리는 결국 제주시 관덕정 근처의 게스트하우스를 빌렸다. 월세가 30만 원이었으니 시설은 굳이 설명 안 해도 될 것 같다. 방에는 테레비 하나만 덩그러니 놓여 있었다. 텔레비전이 표준어지만 이 테레비는 텔레비전이라 부르면 실례다. 80년대 후반에 마지막으로 목격했던, 손으로 채널을 돌리는 14인치 브라운관 '테레비'가 분명했다. 이 테레비를 보며 혹시 이곳이 백남준의 작품을 모티브로 한 설치 미술 작품 전시실은 아닐까 하는 상상을 잠깐 했다.

숙소의 시설은 중요치 않았다. 여기선 잠만 잘 거니까. 연수가 끝나면 바로 도서관에 가서 열심히 공부하고 숙소에서는 잠만 잘 거니까. 이 약속은 반만 지켰다. 실제로는 연수가 끝나자마자 당구장에서 '당구 공부'를 하고 숙소에서는 잠만 잤다. 숙소에서 잠만 자기로 한 약속은 지켰으니, 약속의 절반은 지킨 셈이다.

일정 연수 첫날부터 일이 꼬였다. 친구의 마티즈를 타고 연수원으로 가는데 차가 막혔다. 숙소에서 연수원까지 35분이 걸렸다. 서귀포 집에서 연수원까지 가는 데 걸리는 시간은 45분. 고작 10분 아끼려고 이 고생을 했다고? 시작이 좋지 않았다. 끝은 더 안 좋았다. 연수는 지루했다. 정말 지루했다. 타임머신을 타고 그때로 돌아가 그곳에서 가장 지루한 표정을 짓고 있는 사람을 찾는다면 그게 바로 나다. 때마침 그때, 나를 일생일대의 갈등에 빠뜨리는 사건이 발생하고 말았다.

[공식] 뮤즈(Muse), 지산 락페스티벌 헤드라이너 확정

지금이야 락 음악이 죽고 죽어 관짝에 대못질할 일만 남은 상황이지만, 당시엔 뮤즈 같은 초신성 밴드들이 꺼져가는 불씨에 부채질을 해가며 생명 연장의 꿈을 이어가고 있었다. 나는 이따위 연수 때문에 뮤즈를 볼 수 없다는 사실이 두고두고 서글펐다. 나도 뮤즈의 〈Starlight〉를 들으며 수만 명의 동지들과 함께 1-2-1-3 박수를 쳐야 하는데… 이렇게 아름다운 날, 누구는 지루한 연수나 받고 앉아 있는데, 또 누구는 뮤즈의 〈Starlight〉를 들으며 황홀한 밤을 보내겠구나 생각하니 배가 아파왔다.

연수가 재미있었다면 아쉬움이 조금은 덜했을까? 연수는 재미도 없고, 감동도 없고. 그럼 의미라도 있어야 하는데 의미도 없었다. 연수원 맨 뒷자리에 앉아 멍때리고 있는 한량이 잡생각에 빠지게 되는 건 예정된 수순이었다.

'잠깐! 연수는 점수를 못 받아도 바로 잡을 기회가 있을 거야. 그런데 뮤즈가 다시 온다는 보장이 있나? 없지! 그럼 난 지금 뭘 해야 하지? 튀자.'

여기까지가 2010년 8월의 어느 금요일 오후, 함께 연수를 받던 여자친구를 꼬드겨 주반 도주를 하게 된 사연이다. 금요일 오후, 우리는 눈이 마주쳤고 강의실을 유유히 빠져나왔다. 이것은 이 경쟁에서 우리 둘은 빠지겠다는 무언의 선언이었다. 그렇게 나는 '일정 연수 튀고 락페 간 놈'이라는 전설을 남기며, 오전에는 제주라는 섬에서 일정 연수를 받다가 오후에는 유라시아 대륙에서 음악의 신(뮤즈)을 알현했다.

세상에 공짜는 없다. 뮤즈를 알현한 대가로 출석 점수에서 이틀이 까이고 말았다. 나의 일정 연수는 딱 거기까지였다. 최종 성적은 80.5점. 얼핏 보면 준수한 성적 같지만, 일정 연수는 100점이 일등이고 80점이 꼴등이다. 이제 와 궁금하긴 하다. 나보다 점수를 못 받은 사람은 누구일까? 아마 두세 명 정도 있을 것 같은데 한 명은 누군지 알 것 같다. 출석만 체크하고 수업이 시작되면 강의장 밖으로 나가 철학자 모드로 산책하던 '교육계의 칸트' 형이 있었다. 칸트 형, 그럴 거면 저랑 같이 락페나 가지 그랬어요?

그래서 그 결정을 후회하냐고? 전혀. 그날 밤 나는 꿈에 그리던 장면, 그러니까 뮤즈의 〈Starlight〉 전주에 맞춰 1-2-1-3 박수를, 3만 명의 형제, 자매와 함께 치는 장면을 현실로 옮기고 있었고, 심지어 내 옆에는 나와 함께라면 일정 점수를 포기해도 좋다는 아리따운 여인이 함께 박수를 치고 있었다. 그때의 황홀감은 내가 일정 연수를 제치고 이 자리에 와있다는 현실 감각을 덮어버리기에 충분했다. 모든 것이 좋았다. 마냥 좋았다. 그리고 생각했다. 어쩌면 지금이 내 인생의 클라이맥스일 수도 있겠구나.

때론 사소한 결정 하나로 소소한 것을 잃고 나머지 모든 것을 얻을 수 있음을 깨닫는다. 그날 나와 함께 음악의 신(Muse)이 들려주는 반주에 맞춰 내 옆에서 박수를 치던 여인은 지금은 내 아내가 됐다. 결혼식 BGM은 내가 담당했다. 결혼식 퇴장 BGM은 콜드플레이의 〈Viva la vida(인생이여 만세)〉를 선곡했다. 이제 와 돌이켜보니 Muse의 〈Starlight〉

를 결혼식 퇴장 BGM으로 썼어도 잘 어울렸을 것 같다는 생각이 든다.

> You electrify my life
>
> Let's conspire to reignite
>
> All the souls that would die just to feel alive
>
> 넌 내 삶을 전율케 해.
>
> 함께 불태워 보자.
>
> 살아있음을 느끼기 위해 죽어가는 영혼들을
>
> I'll never let you go
>
> If you promised not to fade away
>
> Never fade away
>
> 내 곁에서 사라지지 않는다고 약속해 준다면
>
> 난 널 놓치지 않을 거야.
>
> 그러니 절대 사라지지 마.
>
> - Muse, 〈Starlight〉

Track 3.

로드 투 헤븐

♬ <Something new> - Axwell & Ingrosso

　구름 위를 걷는 기분이었다. 2008년 2월 6일, 전역 신고를 마치고 위병소를 통과하는 내 기분이 그랬다. 나에게는 전역 몇 달 전부터 품었던 소박한 꿈이 있었다. 스쿠터를 타고 제주의 해안도로를 질주하는 꿈이었다. 전 재산을 털어 충무로에서 비노 50cc를 샀다. 인천항에서 스쿠터를 배에 실었다. 스로틀을 당기며 제주항을 출발할 때 세상은 이미 내 것이었다. 전역과 청춘, 객기 따위의 단어들이 시너지를 일으켰다. 낭만은 이미 한도 초과였다.

　하지만 그때도 알고 있었다. 아무리 좋은 감정도 반복되면 감정의 크기가 작아진다는 것을. 질주의 감흥을 가능한 한 오래 유지하려면 뭘 해야 할까? 배기량을 높여 속도를 높일까? 군대를 갓 전역한 청춘에게 돈이 있을 리가. 같은 날 전역한 친구 둘을 꼬드겨 스쿠터로 제주도 일주를 하기로 했다.

기대를 너무 많이 한 탓일까? 출발 몇 시간 만에 마음이 식어버렸다. 대학교 때 이미 자전거로 돌았던 코스를 그대로 답습한 게 패착이었다. 결말을 아는 영화를 다시 보는 느낌이랄까. 친구 둘의 표정이 밝아 그나마 다행이었다. 둘은 그날이 처음 스쿠터를 탄 날이었으니 그럴 만도 했다. 기분이 좋은지 연신 소리를 질러댔다.

첫날 목적지의 3분의 2를 달렸더니 쉬고 싶은 마음이 간절했다. 때마침 송악산이 보였다. 송악산을 지나고 편의점이 보이면 잠시 쉬어가기로 했다. 저 멀리 오르막길이 보였다. 오르막길에서 탄력을 받아 올라가기 위해 스로틀을 당겼다. 그때까진 몰랐다. 몇 초 후 우리가 마주하게 될 장면이 이번 여행의 하이라이트가 될 줄은. 와! 한 글자면 충분했다. '와' 뒤에 느낌표 하나만 찍어주면 느낌이 고스란히 전달되는 곳. 친구들의 감탄사가 뒤이어 도착했다.

"와! 대박."

오르막을 오르자마자 한라산과 산방산, 형제섬, 사계 앞바다가 360도 파노라마로 펼쳐졌다. 뭐야? 이런 곳이 있었어? 이런 곳이 왜 유명해지지 않은 거야? 이만하면 신비의 도로나 5.16 도로 숲 터널처럼 별칭이 붙을 만도 한데. 주위를 둘러봐도 도로에 대한 안내는 없었다. 그렇다면 이름은 내가 지어주겠다. 로드 투 헤븐.

몇 년 후, 50cc 스쿠터를 125cc 베스파로 바꾸고 로드 투 헤븐을 다시 찾았다. 그곳을 다시 찾은 건 순전히 Axwell & Ingrosso의 뮤직비디오 때문이었다. Axwell & Ingrosso가 발표한 신곡 〈Something new〉의 뮤직비디오를 보고 나의 오랜 지병이 재발하고 만 것이었다. 참 오래 앓았고, 지금도 앓고 있고, 이젠 완치됐다고 믿을 때마다 다시 찾아오는 그 병, MDS 증후군(멋있으면 따라 해봐야 속 시원함 증후군). 이 병의 정체에 대해서는 할 얘기가 많아서 뒤에 「펑크가 뭐냐고 묻거든」 편에서 자세히 다루겠다.

뮤직비디오 내용은 별거 없다. 노을 지는 저녁, 쭉 뻗은 도로 위로 모터바이크 한 대가 등장한다. 카메라는 바이크의 뒤를 쫓으며 라이더에게 일어나는 일을 롱테이크로 찍는다. 도로 위에서는 사람들이 저마다의 파티를 열고 있다. 차에 탄 채 노래를 부르는 사람, 키스하는 사람, 드럼 치는 사람, 일몰 사진을 찍는 사람, 차를 때려 부수는 사람… 파티가 끝난 도로 위에 정체불명의 연기가 피어오르고 라이더는 멈춰 서서 뒤를 돌아본다. 이때 다른 멤버가 등장해 라이딩에 합류한다. 둘은 Axwell & Ingrosso의 심볼인 Λ가 새겨진 가죽 재킷을 입고 있다. 무언의 신호를 주고받은 그들은 나란히 도로를 질주한다.

와, 진짜 멋있다! 멋있는 걸 봤으니 뭘 해야 하지? 따라 해

봐야지! 내 마음은 이미 제주의 어느 도로 위를 달리고 있었다. 제주도 어디를 가면 뮤비 속 장면을 재현할 수 있을까? 제일 먼저 찾은 곳은 신창 풍차 해안도로였다. 듣던 대로 노을의 색감이 예뻤다. 그러나 사람이 너무 많았다. 내가 찾던 느낌은 아니었다. 노을 해안로로 장소를 옮겼다. 사람은 덜 붐볐지만 역시나 내가 찾던 느낌은 아니었다. 뮤직비디오 속 도로를 다시 봤다. 넓은 들판 위에 일직선으로 쭉 뻗은 도로였다. 반면 신창 풍차 해안도로와 노을 해안로는 길이 구불구불하고 한쪽에 바다가 펼쳐져 있었다.

제주도에 뮤직비디오처럼 생긴 도로가 어디 있을까? 맞다, 로드 투 헤븐! 쭉 뻗은 일직선 도로는 아니지만 로드 투 헤븐을 역방향으로 달리면 뮤직비디오 같은 장면이 나오지 않을까? 어둠이 노을을 집어삼키고 있었다. 다급한 마음에 속도를 높였다. 로드 투 헤븐에 도착했을 땐 석양이 마지막 빛을 토해내고 있었다. 지금이다! 이어폰을 귀에 꽂고 〈Something new〉를 틀었다. 볼륨을 최대치로 높이고 스로틀을 당겼다.

> I see the dawn of a new beginning
>
> This time, this time we can't go home
>
> I hear the streets of tomorrow calling

> I go, I go where you go cause we belong to something,
> We belong to something new
> 새로운 시작의 새벽이 보여요.
> 이번만큼은 집에 갈 수 없어요.
> 내일을 향한 부름의 소리를 들어요.
> 나는 당신이 있는 곳으로 가요.
> 우리는 새로운 세상에 속해 있어요.
>
> – Axwell & Ingrosso, 〈Something new〉

위 비-롱 투 썸-띵 뉴. 주황빛 노을을 뒤로하고 모터바이크 한 대가 소실점이 되어 멀어져 갔다. MDS 증후군 환자를 태운 채.

Track 4.

달밤에 군산 오름 정상에서 춤추는 이 보인다면

♬ \<Sky full of stars\> - Coldplay

 11월의 어느 밤, 밤하늘에 촘촘히 박힌 별들을 바라보며 나는 생각했다. 단돈 2천 원이면 천체망원경으로 목성과 토성을 관측할 수 있는데, 가끔 밤하늘 올려다본다고 목이 부러지는 것도 아닌데, 왜 그동안 땅만 보고 살았을까? 반성하며 서귀포 천문과학 문화관으로 입장했다. 천체관측실에는 4대의 천체망원경이 설치되어 있었다. 잠시 후 별 관측을 도와줄 별 길잡이님이 혜성처럼 등장했다.

 "하늘을 올려다보세요. 별이 정말 많죠? 목성과 토성을 둘 다 볼 수 있는 날이 많지 않은데, 여러분 오늘 정말 운 좋은 겁니다. 차례대로 관측해 볼까요?"

 가장 먼저 관측한 별은 목성이었다. 기대만큼 선명히 보이진 않았지만, 목성의 줄무늬와 목성 주위를 도는 위성을 관측할 수 있었다. 목성 주위에는 95개의 위성이 목성을 돌고 있다고 한다. 아마도 내가 본 건 갈릴레이가 발견했다는 갈릴레이 4대 위성이 아니었을까 싶다. 그다음 관측한 별은 토성이었다. 토성을 관측하는 망원경 앞에 서니 왠지 설렜다. 천체망원경으로 보면 토성의 귀여운 고리도 볼 수 있겠지?

왔노라, 보았노라, 깜놀했노라! 소문이 사실이었다. 토성이 훌라후프를 돌리고 있었다. 좁쌀만 한 토성이 자기 뱃살보다 큰 훌라후프를 두른 모습이 귀여워 나도 모르게 웃음이 나왔다. 그다음 관측한 건 플레이아데스 성단이었다. 태양의 나이가 대략 50억 살인데 이 별들의 나이는 대략 1억 살 정도니까 은하계의 MZ 세대라 할 수 있겠다. 새파랗게 젊은 녀석들이라 그런지 대부분 파란색을 띠고 있었다.

그 와중에 나는 딸에게 우리가 별을 바라보고 있는 지금 이 순간이 얼마나 황홀한 순간인지 설명하기 위해 골몰하고 있었다. 지구는 우리은하라는 은하에 속해 있는데, 우리은하에는 별이 수천억 개가 있고, 우주에는 우리은하 같은 은하가 수천억 개 있다고 설명하려다 단위가 너무 커져서 포기하고 '우주에는 지구상의 모든 모래 개수를 합친 것보다 더 많은 별이 있다 카더라'로 퉁쳤다. 지구는 그 수많은 별 중 하나일 뿐이라고. 수많은 별 가운데 지구처럼 생명체가 있는 별이 있을 확률, 이것부터 기적인데, 지구에 우연히 탄생한 첫 생명체가 자손을 낳고, 그 자손이 또 자손을 낳고, 이렇게 수백만 세대에 걸쳐 진화가 이뤄지는 동안 단 한 번도 대(代)가 끊기지 않은 기적 끝에 탄생한 게 너야. 이 사실을 어찌 쉽게 설명할 수 있겠는가? 쉽게 설명할 수 있는 사람이 있다면 연락 바랍니다. 〈코스모스 어린이판〉을 함께 제작해 봅시다.

그 시각, 별 길잡이님께서는 '지금 우리가 보고 있는 저 별빛은 수만 년 전 별에서 출발한 빛'이라는 사실을 이해시키기 위해 혼신의 힘을 다하고 있었다. 와, 이건 또 어떻게 설명하냐? 애들아, 1초에 지구 일곱 바퀴 반을 도는 빛이라는 녀석이 있어. 우리가 왜, 아주 빠른 뭔가를 보면 '빛의 속도로'라는 표현을 쓰잖아? 그 빛이 수만 년에 걸친 여행 끝에 우리에게 닿은 걸 지금 보고 있는 거야. 다시 말해 저 빛은 아주 오래전에 별이 우리에게 보낸 빛이야. 요 정도로 설명했는데, 둘째 딸은 빛이 1초에 지구 일곱 바퀴 반의 거리를 돈다는 사실부터 이해하지 못하는 눈치다. 결국 포기.

나도 사실 우리 만남의 의미는 감당이 안 된다. 노사연이 부른 〈만남〉의 가사 '우리 만남은 우연이 아니야. 그것은 우리의 바람이었어.'를 불러주는 것으로 대신하고 싶지만, 그러기엔 또 아쉽고 해서 '우리가 이렇게 만날 확률에 비하면 로또 1등 확률은 아무것도 아니야. 그래서 아빠는 로또를 사지 않는단다. 이미 로또 1등과 비교할 수 없는 복권에 세 번 연달아 당첨됐으니까'. 이렇게 사행성 도박 근절 캐치프레이즈 같은 문구로 매듭지었다.

며칠 전, 지구 대표 천문학자 칼 세이건의 딸 사샤 세이건이 쓴 책 『우리, 이토록 작은 존재들을 위하여』를 읽었다. 이 책에서 사샤는 아버지가 출간한 소설 『콘택트』에 나오는 유명한 문장이 사실은 엄마가 쓴 문장이라고 고백한다. 두 달만 일찍 이 책을 읽었다면 이 문장을 딸에게 들려줄 걸 그랬다.

> 우리처럼 작은 존재가 이 광대함을 견디는 방법은 오직 사랑뿐이다.
>
> - 칼 세이건, 『콘택트』

집으로 돌아오는 길, 나는 확신했다. 이제 두 아이는 전보다 더 자주 밤하늘을 보겠구나. 이토록 값싼 여행에 이토록 값진 수확이라니. BGM이 없었던 것만 빼면 완벽한 여행이었다.

날이 풀리면 가족과 함께 '별일 없지만 별 볼 일 있는 밤' 투어를 떠나야겠다. BGM은 당연히 내 담당이다. 마지막 곡은 이미 확정되었다. 이 노래는 제목부터 〈Sky full of stars〉이다. 콜드플레이가 불렀고 아비치가 작곡에 참여했다. 더 이상 무슨 설명이 필요하겠는가. 혹시 이 시간 이후로 달밤에 군산 오름 정상에서 춤추는 이 보인다면 누군지 궁금해

말기를. 그 사람이 바로 나고, 그가 듣고 있는 음악은 〈Sky full of stars〉이다.

Track 5.

21세기 사이키델릭

♬ <꿈에> - 조덕배

 자전거를 타고 오키나와의 어딘가를 미끄러져 가고 있었다. 문제는 지금 시각이 새벽 3시라는 사실이었다. 아, 계획은 이게 아니었는데… 공항에서부터 예감이 안 좋긴 했다. 공항에서 접이식 자전거를 수화물로 받아서 조립하는데 안장이 말썽이었다. 오키나와를 여행하려고 새로 장만한 자전거였다. '오키나와에 접이식 자전거 타고 여행 왔다가 자전거 펴보지도 못하고 돌아간 한국인 여행자'가 되지 않기 위해 여행 출발 전, 자전거 조립 연습도 몇 번 했다. 그런데 왜 하필 안장이 말썽이냐고.

 안장 위에 앉아 페달을 밟으면 안장이 천천히 내려갔다. 몇 초 후엔 안장이 연결된 프레임의 끝이 땅에 닿아 자동 브레이크가 걸리는 마법! 나는 앞으로 가고 싶은데 온 세상이 나를 땅으로 끌어당기는 듯한 이 프레쉬한 느낌은 뭐지? 강력 접착제라도 사서 고정해야 하나? 그런데 접착제는 어디서 구한다냐. 다이소? 아, 맞다. 여기 일본이지. 한참을 끙끙대고 있으니 안장도 내가 불쌍했는지 딸깍 소리를 내며 고정되어 줬다. 자전거가 말했다. '주인님, 살려는 드릴게. 다음에 접이식 자전거로 여행할 땐 준비 확실히 하고 오셈.'

휴, 다행이다. 안장과 사투를 벌이는 동안 시간이 지체되어 바로 라이딩을 시작했다. 어느 방향으로 가야지? 무조건 바다를 왼쪽에 끼고 돌자! 오키나와는 섬이기 때문에 바다를 왼쪽에 끼고 앞으로만 가면 제자리로 돌아오게 되어있다. 지구는 둥그니까 자꾸 걸어 나가면 온 세상 어린이들 다 만나고 오게 되는 세상 단순한 원리!

첫날은 가볍게 100km 정도 달리고 첫날 숙소로 점찍어 둔 캠핑장에 도착했다. 캠핑장은 산 중턱에 있었다. 안장을 고치느라 체력의 반을 써버려서 자전거는 끌고 올라갔다. 캠핑장치고는 한산하네? 저 위에서 아주머니 한 분이 차를 타고 내려오고 있었다. 아주머니는 내 앞에서 차를 멈추셨다. 아니, 왜 차를 내 앞에서… 이 불길한 예감은 뭐지? 아주머니께서 일본어로 뭐라 뭐라 하셨다. 일본어를 제2외국어로 배웠음에도 무슨 말인지 알아들을 수 없었다. 다만 얼굴 표정으로 보아 아주머니가 이빠이 스미마셍 하고 있다는 건 알 수 있었다. 대화가 안 통하는 걸 아셨는지 아주머니는 영어로 말씀하셨다.

왜 슬픈 예감은 틀린 적이 없나. 선명하게 들리는 두 단어 'Today, Closed.' 헐, 망했다. 부랴부랴 숙소를 검색했다. 반경 20km 이내에 숙소라 부를 만한 곳은 없었다. 여기 오키나와가 맞아? 욕이 나왔다. 자전거를 끌고 산을 터벅터벅 걸어 내려가는데, 눈앞에 이름 없는 해수욕장이 보였다. 피곤한데 그냥 여기서 자? 해수욕장으로 내려가 보니 텐트 펴기 딱 좋은 공터가 있었다. 에라, 모르겠다. 일단 눕자. 텐트 펴는 것도 귀찮아서 침낭만 펴고 벌러덩 드러누웠다. 옆으로 돌아누우니 바다가 보였다. 바다가 참 예뻤다. ASMR로 들려오는 파도 소리도 더없이 좋았다.

이 타이밍에 음악이 빠지면 섭하지. 감성 저격 3종 세트, 검정치마의 〈Team baby〉, 넬의 〈Healing process〉, 이소라의 〈눈썹달〉 앨범을 틀어놓고 파도 소리를 배경음 삼아 들었다. 이 노래를 오키나와의 바다를 보며 듣게 될 줄이야. 2시간 반이 흘렀다. 노래가 끝나갈 때쯤 빗방울이 한두 방울 떨어졌다. 제발, 제발… 제발! 제! 발! 그래도 비는 떨어졌다.

빗방울은 점점 세졌다. 바다부터 젖을 테니 텐트를 편다 해도 소용없었다. 침낭을 개고 비옷을 입었다. 자전거를 끌고 걸었다. 가다 보면 뭐라도 나오겠지, 숙소 하나 안 나오겠어? 응, 안 나와. 그렇게 걷다 보니 새벽 3시가 된 것이었다. 서서히 눈은 감겨오고 다리에 힘이 풀려 살짝 몽롱한 상태가 되었다. 오늘 자긴 글렀구나. 계속 걷다가 정자라도 나오면 드러눕자. 자포자기하니 마음이 편해졌다.

이왕 이렇게 된 거 음악이나 듣자. 왠지 조덕배 노래가 듣고 싶어졌다. 〈그대 내 맘에 들어오면은〉, 〈슬픈 노래는 부르지 않을 거야〉, 〈나의 옛날이야기〉… 모든 노래가 밤바다와 잘 어우러졌다. 지루할 만하면 라디오 DJ 놀이를 하며 지루함을 달랬다.

'MBC 라디오 〈별이 빛나는 밤에〉 마지막 곡은 오키, 오키, 오키나와에서 새벽 3시에 자전거를 끌고 내일을 향해 걸어가고 있는 ID '이젠 그만 걷고 싶어요' 님이 신청하신 곡입니다. 조덕배의 〈꿈에〉. 이 노래 들려드리면서 저 성식이형(성시경)은 이만 물러갈게요. 잘 자요. 아니, 잘 걸어요.'

> 난 눈을 뜨면 꿈에서 깰까 봐.
> 난 눈 못 뜨고 그대를 보네.
> 물거품처럼 깨져버린 내 꿈이여.
> 오늘 밤엔 그대여 와요.
>
> - 조덕배, 〈꿈에〉

노래의 몽환적 바이브가 몽롱한 내 마음과 찰떡같이 붙었다. 감정을 지속시키고 싶어 반복 재생 버튼을 눌렀다. 밤바다 위로 옛 추억이 둥둥 떠다녔다.

군대 훈련소 마지막 날 행군에서 사람이 자면서 걸을 수 있다는 걸 체험한 적 있다. 중대장 몰래 눈 감고 걷다가 "186번 훈련병! 앞사람과 보폭 유지 안 하나!" 호통 소리가 들리면 "186번 훈련병! 정! 한! 빛! 알겠습니다!" 외쳐놓고 다시 중대장 안 보이면 몰래 눈 감고 걷던 그때의 느낌. 다리는 분명 아픈데 기분 좋은 나른함이 느껴지던, 새벽에 잠깐 깼다가 시계를 확인하곤 '아직 잘 시간 더 남았네? 개꿀' 하고 잘 때의 기분 좋은 느낌.

음악은 시대를 초월한다. 그날 나에게 〈꿈에〉는 7080 노래가 아니었다. 21세기 사이키델릭이었다. 달릴 때 힘든 구간을 극복하면 기분이 좋아지는 현상을 러너스 하이라 부른다. 그렇다면 지금의 이 느낌은 워커스 하이라 부르면 될까? 아니면 리스너스 하이? 진짜 꿈꾸고 있는 걸지도 모르니 드리머스 하이라 부를 수도 있겠다.

걷다 보니 동쪽 하늘이 서서히 밝아왔다. 주위 숙소를 검색해 보니 캠핑장 하나가 레이더망에 잡혔다. 캠핑장에 도착하자마자 1평짜리 텐트를 치고 바로 뻗었다. 간만의 꿀잠이었다. 전날 새벽 내내 들었던 〈꿈에〉의 멜로디가 꿈속에서도 울려 퍼지고 있었다.

> **덧붙임**
>
> 조덕배는 이 노래 가사를 중학교 때 썼다고 한다. 님 좀 짱인 듯. 언젠가 스쳐 간 이상형의 여인을 꿈에서라도 보고픈 마음을 담았다고.

Track 6.

첫눈 내리는 날

♬ <옛사랑> - 이문세

세월이 흘러도 사람들이 즐겨 부르는 노래에는 다 그만한 이유가 있다. 그런 노래 앞에는 '좋은'이라는 수식어가 붙는다. 사람들이 수식어를 괜히 붙인 게 아니라서 좋은 노래는 언제 들어도 좋다. 다만 시기에 맞춰 들었을 때 더 좋은 노래가 있긴 하다.

내 경우, 9월의 마지막 날엔 그린데이의 〈Wake me up when September ends〉를, 10월의 마지막 날엔 이용의 〈잊혀진 계절〉('아직도 기억하고 있어요. 10월의 마지막 밤을')을, 보름달이 뜬 날엔 등려군의 〈월량대표아적심〉('달빛이 내 마음을 대신 말해주네요')이나 Cigarette after sex의 〈Neon moon〉('Dance in and out of the beams of Neon moon')을, 비 오는 날엔 김현식의 〈비처럼 음악처럼〉('비가 내리고 음악이 흐르면 난 당신을 생각해요')을 듣는다. 그리고 첫눈 내리는 날엔 이 노래를 들으며 눈 쌓인 밤거리를 걷는다.

> 흰 눈 나리면 들판에 서성이다
> 옛사랑 생각에 그 길 찾아가지.
> 광화문 거리 흰 눈에 덮여가고,
> 하얀 눈 하늘 높이 자꾸 올라가네.
>
> - 이문세, 〈옛사랑〉

어린 시절에는 새로운 뭔가에 대한 기대감으로 살았다면, 중년 이후의 삶은 추억의 힘으로 버티게 되는 듯하다. 이런 이유로, 다가올 내일을 호기심 어린 눈망울로 바라보는 아이와 인생의 굽이마다 꺼내 볼 추억을 많이 가진 어른은 행복에 쉽게 닿을 수밖에 없다.

오늘 이사를 마친 새집에 누워 〈옛사랑〉을 듣다가 노래에 얽힌 수수께끼를 하나 풀었다. 문제의 표현은 '광화문 거리 흰 눈에 덮여가고 하얀 눈 하늘 높이 자꾸 올라가네'였다. 노래를 들을 때마다 궁금했다. 어떻게 눈이 하늘로 올라가지? 하늘에서 내리는 눈을 아무리 봐도 올라간다는 느낌은 안 드는데? 작사가는 왜 눈이 하늘로 올라간다고 표현했을까?

새집 이사를 마치고 자려고 누웠더니 창밖에 함박눈이 내리고 있었다. 누워서 보니 정말로 눈이 하늘로 올라가는 게 아닌가? 노래 속 주인공도 광화문 벤치에 누워 눈을 바라봤던 것 아닐까? 답이 맞는지는 모르겠다. 답은 작사가만 알겠지.

그러나저러나 누워서 하늘 위로 올라가는 눈을 바라보고 있자니 참 예쁘다. 덕분에 옛 생각에 잠기는 밤, 오늘따라 눈발처럼 흩날리는 추억들도 빈티지 필터를 꼈다. 왠지 오늘은 무채색 꿈을 꾸게 될 것 같다.

청춘은 불꽃이어라

너를 둘러싼 그 모든 굴레를 걷어치우고
들불처럼 일어서라.
주어진 시간이 그리 많지 않노라.
청춘은 불꽃이어라.

- 노브레인, <청춘은 불꽃이어라>

Track 1.

펑크가 뭐냐고 묻거든

♬ <청년폭도맹진가> - 노브레인

멋있으면 따라 해봐야 직성이 풀리는 병이 있다. 병명은 MDS 증후군. MDS가 뭐냐고? M(멋있으면) D(따라 해봐야) S(속 시원함) 증후군. 대표적으로 마술, 패들보드, 백패킹, 스쿠버다이빙, 카약, 랩 등이 이 병으로 얻은 취미다. 돌이켜 보면 내 인생은 '멋있어 보이면 따라 해봄. 재미를 느낌. 질릴 때까지 그것만 함. 실제로 질려버림. 그만둠. 멋있는 다른 뭔가를 찾음'의 반복이었다. 이해를 돕기 위해 학계에도 보고된 나의 MDS 증후군 사례를 들어보겠다.

대한민국이 락(Rock)의 불모지인 것은 어제오늘 일이 아니지만, 코로나 땐 락이 죽고 죽어 일백 번 고쳐 죽어 결국 산소호흡기마저 떼는구나 싶을 만큼 상황이 암울했다. 그러나 2000년대 초반까지만 해도 빼앗긴 대한민국 락 시장에도 봄은 오는가 하며 희망에 부풀던 때가 있었으니, TV 시사 프로그램에서 홍대 클럽으로 몰려드는 청춘을 사회 현상으로 조명하고 공중파 음악 방송이 앞다퉈 홍대 인디 밴드들을 무대로 올리며 대한민국 락의 부활을 도모하던 그때, 어느 정신 나간 밴드가 갑자기 찾아온 대중의 관심이 뜨거웠던 나머지, 생방송 음악 프로그램에서 옷을 벗어 던지는 바람에 방송사에서는 더 이상 락 밴드를 방송에 부르지 않았고, 대한민국의 락 시장은 다시 암흑기로 접어들었다는 슬픈 전설이 전해 내려온다.

지금부터 할 이야기는 바로 그 직전, 2000년대 초반의 조선 펑크 전성기 시절 이야기다. 그 시절 대한민국은 한여름의 해수욕장 모래처럼 뜨겁게 달궈져 있었다. 모두의 우려와 달리 IMF를 조기 졸업했고, Y2K 문제는 시간에 의해 '해결당해'버린 가운데(Y2K둥절), 21세기 벽두에 열린 2002 월드컵에서는 한국이 4강에 올랐다. 그 뜨거운 역사의 한복판에서 나 또한 인생의 가장 뜨거운 시기를 보낼 수 있었던 건 축복이었다.

뜨거움에 가장 잘 어울리는 음악이 락(Rock)인 것은 말할 것도 없었다. 나를 비롯한 불타는 청춘들은 어디 뭐 신나는 거 없나 하며 눈에 불을 켜고 밤거리를 뛰어다녔다. 홍대는 집어등을 켜고 방황하는 불나방들을 진공청소기처럼 빨아들였다.

당시 홍대 클럽은 조선 펑크라 불리던 신종 장르의 등장으로 춘추전국시대를 맞이하고 있었다. 크라잉넛이 〈말 달리자〉를 외치며 인디 밴드도 공중파 음악 방송에서 라이브 하는 시대를 열어젖히더니, 뒤이어 그들보다 거친 쌩 날것의 분노를 표출하는 노브레인이 등장했다. 노브레인을 보자마자 나는 외쳤다. 우리나라에도 진짜 펑크가 나타났다! 스카 펑크라 불리는 신나는 펑크로 틈새시장을 공략한 레이지본도 뒤이어 수면 위로 떠올랐다.

그렇게 크라잉넛, 노브레인, 레이지본 트로이카가 이끄는 조선 펑크 전성기의 서막이 열렸다. 당시 내 나이 스물. 나는 친구 K와 함께 떠났던 여행의 마지막 목적지를 드럭(크라잉넛, 노브레인, 레이지본이 활동했던 전설의 홍대 클럽)으로 정하고, 홍대에서 벌어지고 있는 사회 현상을 두 눈으로 목격하기로 했다.

스마트폰이 없던 시절이었다. 지하철 홍대입구역에 도착한 우리는 사람들에게 길을 물어 드럭을 찾아갔다. 잘 찾아가고 있는 거 맞겠지? 잠깐! 주소만 보면 여기가 맞다고 나와 있는데… 그때, 크라잉넛의 베이시스트 한경록이 보였다. 잘 찾아왔구나. 그는 건물 앞 공터에서 달고나를 만들며 팬들과 대화를 나누고 있었다. 낭만은 이미 치사량을 넘기고 있었다.

다큐멘터리에서 보던 장면이 현실에서 펼쳐지고 있음을 두 눈으로 목격한 그 날, 나의 유일한 아쉬움은 노브레인을 보지 못했다는 것뿐이었다. 그 외엔 모든 것이 완벽했다. 5천 원의 저렴한 입장료도, 그날 처음 만난 사람들과의 귀여운 슬램도, 심지어 볕 들 날 없는 지하 클럽의 퀴퀴한 냄새마저도. 우리가 크라잉넛 보컬의 마이크를 뺏어서 노래를 부른 장면은 공연의 화룡점정이었다. 사연은 이랬다.

크라잉넛의 보컬이 공연 도중에 신청곡을 받았다. 몇 달 후 군대 가는 친구 K는 〈군바리 230〉을 신청했다. 크라잉넛이 군대 잘 갔다 오라며 흔쾌히 〈군바리 230〉을 불러줬다. 드럭은 공연장이 작아서 스탠딩 1열과 보컬 사이의 거리가 매우 가까웠다. 손만 뻗으면 마이크를 손에 쥘 수 있었다. K는 몇 달 후 군대 가는 현실이 이제야 실감 났는지 〈군바리 230〉을 듣자마자 텐션이 수직상승 해버렸고, 자기도 모르게 보컬의 마이크를 뺏고 말았다. 어느 순간 자기 손에 마이크가 쥐어져 있는 걸 확인한 그는 당황한 나머지 노래를 불렀고, 나는 이때다 싶어 K의 마이크를 뺏어 노래를 불렀다. 솔직히 가사를 몰라서 소리만 질러댔는데, 아무도 눈치채진 못했을 거다. 다들 제정신이 아니었으니까. 다시 말하지만, 노브레인을 보지 못한 것 빼곤 모든 것이 완벽했다.

1년 후, 그날의 아쉬움을 어찌 아셨는지 펑크의 신께서 강림하사, 길을 걷던 나에게 전봇대에 붙은 포스터를 보라고 텔레파시를 보내셨다. 포스터에는 이렇게 적혀있었다.

노브레인 라이브 공연

200x년 x월 x일 저녁 x시, 가격 x만 원

장소 : 레드제플린(제주시 xx동 xx번지 지하 1층)

이 기쁜 소식을 드럭에 함께 갔던 K와 함께 나누고 싶었으나 K는 군대에 가고 없었다. 주위에서 공연을 함께 갈 만한 친구를 수소문했으나, 다들 노브레인(No Brain)이 누구냐며 그 밴드 멤버는 진짜 뇌가 없냐며 썩은 드립을 날릴 뿐이었다. 나는 결국 혼자 클럽을 방문하여 친히 먼 곳까지 방문해주신 그들을 경건한 마음으로 영접했다.

공연은 말해 뭐해. 노브레인이 노브레인 했다. 조선 펑크 밴드 중 펑크의 본질에 가장 가까이 다가간 밴드. 한국판 섹스피스톨즈. 순도 100퍼센트짜리 똘끼가 청춘의 객기와 만나 시너지를 일으키면 생기는 일. 그게 바로 노브레인이었다.

그날 나는 얼마나 뜨거웠던가! 펑크 밴드의 리더가 되겠다는 꿈을 품을 정도였다. 지금껏 하고 싶은 것 다 해보며 살았다고 자부하지만, 유일하게 못 이룬 꿈이 펑크 밴드의 보컬이 되는 것이다. 내가 아직 살아있으므로 꿈은 현재진행형이다. 지금 이 글을 읽고 있는 분 중 펑크 밴드 멤버를 찾는 분이 있다면 연락 바란다. 노래 부를 땐 쓸데없이 미성이 나와서 펑크랑 안 어울릴 것 같지만, 보컬만 시켜 준다면 한라산에 들어가 성대를 갈아서라도 쇳소리를 만들어오겠다.

그날 공연에서 가장 기억에 남은 건 차승우였다. 이렇게 기타를 멋지게 치는 기타리스트가 우리나라에 있었다고? 간지라는 것이 폭발했다. 기타 치는 폼이 가히 월클(월드 클래스)이었다. 기타 치는 폼으로 점수를 매기는 대회가 있다면 국가대표로 보내고 싶을 정도로 멋있었다. 지금도 나의 '기타 치는 폼' 사대천황에는 차승우가 들어간다. 참고로 나머지 셋은 건즈앤로지스의 슬래시, 메탈리카의 제임스 헷필드, 전성기 시절의 잉베이 맘스틴이다.

그렇게 나도 덕통사고[4]를 당하고 말았다. 공연이 끝난 후에도 차승우의 기타에 붙어있던 '연세반점' 배달 스티커 잔상이 오래도록 남았다. 그만큼 후유증이 컸다. 그날의 임팩트가

---

[4] 갑자기 무언가에 심하게 빠져드는 현상을 일컫는 신조어

어찌나 컸던지 나는 집으로 돌아와 지금도 자다가 이불킥[5]하게 되는 행동을 해버리고 마는데… 여기서 퀴즈!

[문제 1]
그날 공연이 끝나고 집으로 돌아와 내가 했던 행동은?
[정답]
집에 와서도 흥분이 가라앉지 않은 나는 스피커로 노브레인의 노래를 틀었다. 볼륨을 높이고 빗자루를 잡고 차승우의 기타 치는 폼을 따라 하며 광란의 밤을 보냈다. 행여나 부모님이 내 방안에 들어왔다가 그 모습을 봤다면, 우리 아들 그동안 힘들었구나 하며 나를 언덕 위 하얀 집으로 데려갔을지도 모른다. 지금도 나는 빗자루 잡고 기타 치던 그 날의 나를 떠올리면 자다가 이불킥도 모자라 백덤블링 두 번 하고 잔다.

[문제2]
공연이 끝난 직후에 내가 했던 행동은?
[정답]
나는 노브레인을 밖에서 기다렸다. 그들이 공연장을 빠져나가자 그들을 뒤따라갔다. 마치 아이돌 사생팬처럼. 따라갔

---

5) 갑자기 민망한 일이 생각나 이불을 발로 찬다는 뜻의 신조어

던 이유는 다름 아니었다. 그때의 나는 타인의 시선을 지극히 신경 쓰는 대한민국의 평범한 대학생이었다. 그들은 왠지 남 눈치 안 보고 살 것만 같았다. 그들처럼 번개 머리하고 가죽 잠바, 가죽 바지 걸치고 체인을 찰랑거리며 길을 걸어가면 사람들이 다 쳐다볼 텐데, 그들은 어떤 반응을 보일지 궁금했다. 소심해서 대놓고 따라가진 못하고 먼발치에서 그들의 뒤를 밟았다.

  그들은 그냥 걸어갔다. 누가 보든 말든 쿨하게. 그리고 당당하게. 그 모습이 어찌나 멋있던지, 저 멀리 멀어져 가는 멤버들을 바라보며 다짐했다. 나도 저렇게 남 눈치 안 보고 살아야지.

  1년 후, 차승우는 노브레인을 떠났다. 노브레인은 새 멤버를 영입했다. 이후 노브레인은 〈넌 내게 반했어〉, 〈Little baby〉, 〈비와 당신〉을 연달아 히트시키며 대중적 노선으로 갈아탔다. 〈잡놈 패거리〉 가사처럼 '저 거친 광야를 향해 오줌을 갈기리라. 우리는 잡놈 패거리. 가진 것이 없노라. 깡소주 댓 병에 분노를 삼키리라. 우리는 벼랑 끝의 아이들. 잃을 것도 없노라.' 외치던 그들도 결국 현실과 타협했다. 〈날이 저문다〉 가사처럼 '시든 장미처럼 무얼 바라는가. 날이 저문다.'라며 체념했다. 현실은 그렇게 힘이 셌다.

옛정이 컸기에 응원은 이어갔지만, 씁쓸한 뒷맛은 감출 수 없었다. 훗날, 노브레인의 보컬 이성우가 정신과 의사와 나눈 상담을 모아 책으로 엮은 『답답해서 찾아왔습니다』를 읽고 나서 그간의 사연을 알게 됐다. 그제야 그들의 당시 결정을 이해할 수 있었다. 역시 사람은 표현을 해야 한다. 그래야 앞뒤 사정과 맥락을 이해할 수 있다.

몇 년 후, 뉴스에서 그들의 소식을 접했다. 2001년에 이런 일이 있었는데 당신들은 알고 있었느냐, 이런 뉴스였는데 뉴스 화면에 차승우도 등장하는 걸 보니 노브레인 1집 시절에 있었던 일로 보였다. 뉴스를 보고 실제 영상을 찾아봤다. 잊고 있던 펑부심(펑크+자부심)이 우심방 좌심실 밑바닥에서부터 솟구쳐 올랐다. 나는 다시 열혈 펑크 키드로 돌아가 있었다.

때는 2001년, 장소는 후지 락페스티벌. 당시는 일본의 역사 교과서 왜곡으로 한일 분위기가 급속 냉각됐던 시기였다. 무대에 오른 보컬 불머리(이성우)가 일본 관객에게 물었다.

"여러분, 일본 교과서에 대해 어떻게 생각하세요?"

설마, 일본 한복판에서 역사 교과서 얘기를? 갑분싸[6]란 말

---

6) 갑자기 분위기가 싸해진다(냉랭해진다)라는 의미의 신조어

은 이런 때 쓰는 거다. 갑자기 분위기가 싸—해졌다. 곧이어 불머리는 제국주의의 상징인 욱일기를 가져오더니 이빨로 찢어버렸다. 보는 내가 조마조마했다. 좋은 영화는 결말을 알고 봐도 영화에 빠져들게 되는 것처럼, 결과를 알고 보는데도 관객의 눈치를 살피는 나. 잠시 후 불머리가 정직한 영어 발음으로 포효했다.

"Fuck the Japanese imperialism!(제국주의 꺼져!)"

"This is the Korean anthem!(마! 이게 대한민국 애국가다!)"

이어지는 애국가. 이때의 애국가는 여전히 내 마음속 애국가 올타임 넘버원으로 남아있다. 미국에 휘트니 휴스턴의 〈1991 슈퍼볼 미국 국가〉가 있다면, 우리나라엔 노브레인의 〈2001 후지 락페스티벌 애국가〉가 있다. 다음 곡으로 〈청년폭도맹진가〉가 이어졌다. 그래, 이게 노브레인이지! 암요, 제가 괜히 팬이겠습니까? 〈청년폭도맹진가〉의 가사는 그때의 상황과 어찌나 찰떡이던지. 한 편의 행위예술 퍼포먼스를 보는 것 같았달까. 그래, 이게 펑크지!

> 우리의 앞길을 가로막을 자, 그 누구라더냐.
> 저 철옹성을 쳐부수고서 힘차게 맹진하노라.
> 짓밟힌 자들의 처절한 복수이로다.
> 주먹 불끈 쥐고 일어설 때,

> 화염 속에 불타오르는 저 철옹성의 끝을 보리라.
> 아~ 우리는 자랑스러운 대한민국의 청년 폭도
> 힘차게 맹진하며 골로 가는 청춘이다.
>
> - 노브레인, 〈청년폭도맹진가〉

    대한민국 락(Rock) 역사에서 이보다 멋진 장면이 있었던가? 나는 찾지 못했다. 그것은 펑크 그 자체였다. 그렇게 우리는 펑크 명장면 고트(GOAT) 보유 국가가 됐다. 펑크가 뭐냐는 질문에 답하기도 쉬워졌다. 누군가 펑크가 뭐냐고 묻거든, 고개를 들어 2001년 후지 락페스티벌 노브레인 무대를 보게 하라.

    이후로 〈청년폭도맹진가〉는 노래방 마지막 무대를 누가 장식할 것인가 눈치 싸움이 치열할 때, 당당하게 선곡할 수 있는 노래방 막곡[7]이 되었다. 그땐 노래방 금액이 곡 수로 계산됐다. 5천 원에 10곡, 만 원에 25곡, 이런 식으로. 마지막 노래를 짧은 곡으로 하면 아쉬움이 남기 때문에 막곡은 길고 신나는 노래로 선곡하는 게 암묵적 규칙이었다. 당시 노래방

---

[7] 마지막 곡의 줄임말

막곡을 무슨 노래로 할지는 짜장이냐 짬뽕이냐, 찍먹이냐 부먹이냐와 함께 대한민국 3대 고민 중 하나였다. 실제로 그렇게 탄생한 노래방 막곡 레전드가 많았다.

여담이지만, 내가 경험한 가장 충격적인 막곡은 과 동기 형님이 불렀던 조용필의 〈킬리만자로의 표범〉이었다. 노래 길이도 길이지만 내레이션을 나라 잃은 표정으로 진지하게 따라 부르는 모습이 진심 레전드였다.

먹이를 찾아 산기슭을 어슬렁거리는 하이에나를 본 적이 있는가?

짐승의 썩은 고기만을 찾아다니는 산기슭의 하이에나.

(형님이 하이에나 같은데요. 노래방 마지막 곡을 이 곡으로 하다니요. 분위기 어쩔.)

나는 하이에나가 아니라 표범이고 싶다.

(형님, 저희는 집에 가고 싶어요.)

산정 높이 올라가 굶어서 얼어 죽는 눈 덮인 킬리만자로의 그 표범이고 싶다.

(지금 분위기나 수습해 봐요. 노래가 6분이나 남았는데 이 분위기 어떻게 수습하려고요.)

세월이 흘러 2018년, 반가운 소식을 들었다. 크라잉넛, 노브레인, 레이지본, 모노톤즈가 합동 공연을 연다는 소식이었다. 이 기쁜 소식을 듣고 어찌 서울로 날아가지 않을 수 있겠는가? 모노톤즈(당시 차승우가 리더로 있던 밴드)의 공연이 같이 잡혔다는 건, 차승우와 노브레인의 합동 공연이 성사될 수도 있음을 알리는 복선이었다.

아니나 다를까. 노브레인 무대에 차승우가 기타리스트로 올라왔다. 노브레인과는 이혼한 느낌이어서 아직도 공연장에서 만나면 어색하다던 그가 기타를 잡고 노브레인의 노래를 불렀다. 나는 이미 20여 년 전 제주의 어느 클럽 뒷골목으로 되돌아가 있었다. 그들의 뒤를 밟으며 나도 저들처럼 눈치 안 보고 살아야지 다짐하던 그때의 나로. 음악은 가장 빠른 타임머신이다.

> **덧붙임**
>
> 차차(차승우)는 여전히 멋있었다.

Track 2.

운동회 줄다리기 입장하다 울컥한 사연

♫ <독립군가> - 크라잉넛

딸아이의 카카오톡 프로필을 보고 나도 모르게 입꼬리가 올라갔다. 단비의 카카오톡 상태 메시지엔 이렇게 쓰여있었다. '세상 모든 게 궁금한 나는 정단비'

피는 속일 수 없나 보다. 호기심 많은 것까지 날 빼다 박다니. 나 역시 어린 시절, 세상 모든 게 궁금한 아이였다. 지금이야 웬만한 궁금증은 스마트폰이 해결해 주는 시대지만, 그땐 인터넷이 없었다. 궁금증을 해결하는 방법은 주위 어른께 여쭤보거나 백과사전을 찾아보는 게 다였다.

나처럼 궁금증을 해결 못한 사람들이 많았는지 궁금한 걸 물어보면 전문가가 답해주는 포맷의 TV 프로그램이 있었다. 제목은 〈무엇이든 물어보세요〉. 시청률도 꽤 높았던 걸로 기억한다. 혹시나 해서 찾아봤더니 아직도 방송 중이다. 1983년부터 방송했으니 잘하면 대한민국 최장수 프로그램 기록도 깨겠는걸? 하고 찾아봤더니, 〈동물의 왕국〉은 1970년부터 지금까지 방송 중이다. 와우.

〈무엇이든 물어보세요〉는 별의별 궁금증을 해소해 줌으로써 궁금하면 잠 못 자는 프로 궁금러의 불면증 해소에 혁혁한 공을 세웠다. 그렇다고 모든 궁금증을 해소해 준 것은 아니었다. 예를 들어, 노래의 멜로디는 기억나는데 제목이 기억나지 않을 때 〈무엇이든 물어보세요〉는 〈그것만큼은 저희도〉가 되었다. 바로 다음과 같은 경우였다.

며칠 전, 친구로부터 카톡을 받았다.

"한빛, 잘도 오랜만. 너 이 노래 알아? 팝송인데 2~3년 전쯤에 같이 들은 노래야. 남자 가수가 불렀고 되게 감미로워. 그 노래 제목이 갑자기 궁금해서."

"목소리 감미로운 남자 가수가 어디 한둘이냐? 나랑 같이 있을 때 들은 거 맞아? 내가 그 노래를 틀었다는 거지? 그게 언제였지?"

친구도 얼마나 답답했으면 카톡까지 보냈을까 싶어 답을 알아내려 최선을 다했다. 실패했다. 목소리가 감미로운 남자 가수는 정말이지 너무 많다. 목소리가 감미롭지 않은 가수를 찾는 게 더 빠를 만큼. 여기에 함정이 있다. 목소리가 감미롭지 않으면 가수가 되기 힘들다. 다시 말해, 목소리가 감미로운 남자 가수를 찾아달라는 친구의 부탁은 내가 스무 살 때 서귀포약국 앞 버스정류장에서 발견한 이상형의 여자를 찾아달라는 부탁과 다름없었다. 그러나 나는야 의지의 한국인. 아직 포기하지 않았으니, 친구야, 멜로디라도 기억나면 연락 주라. 끝내 찾아내고 말리라. 너의 그 '목소리가 감미로운 남자 가수'를.

나에게도 오랫동안 미스터리에 쌓여있던 노래가 있었다. 내 경우는 노래의 원곡 또는 작곡자가 궁금한 경우였다. 사건의 발단은 2001년 백호기 축구 대회로 거슬러 올라간다. 백호기 축구 대회는 제주 도내 각 고교 동문의 자존심이 걸려있는 축구 대회로, 축구만큼이나 뜨거운 응원 열기로 유명하다. 제주도는 사회에 나가면 "고등학교는 어디 나완[8]?"이라는 질문을 "대학은 어디 나완?"보다 자주 들을 정도로 고등학교 동문의 끈끈함이 유별나다. 백호기는 축구라는 만국 공통의 관심사까지 걸려있으니 응원 열기가 뜨거울 수밖에 없었다. 오죽하면 백호기는 응원 보러 간다는 말이 나올 정도였다.

백호기 응원의 백미는 단연 카드 섹션 아니, 바디 섹션이었

[8] 나왔어?의 제주도 방언

다. 멀리서 보면 카드 섹션처럼 보이는 이 응원은 교복 재킷을 펼치거나 뒤로 도는 등의 동작을 활용해 카드 섹션과 같은 효과를 낸다. 백호기의 상징이 되어버린 각 학교의 바디 섹션 응원은 지금 봐도 감탄을 자아낸다. 학교 이름이나 메시지를 글자로 만드는 건 기본이다. 호랑이가 달리는 장면을 그림으로 표현하기도 하고, VICTORY라는 글자가 한 글자씩 점멸하며 새겨지기도 했다. 가장 쇼킹했던 장면은 탱크가 미사일을 쏘면 '패'라는 글자가 산산조각 나는 장면이었다.

사람마다 어느 학교 응원이 가장 뛰어난가에 대한 의견이 분분했다. 나와 같이 갔던 친구들은 대기고 응원을 가장 높게 쳐줬다. 솔직히 응원만 보면 나도 대기고의 응원이 가장 화려하고 멋있었다. 다만 심장을 가장 뜨겁게 달군 건 제주일고의 응원이었다. 콕 집어 말하면 일고의 응원가인 〈차돌가〉. 이상하게 이 노래만 들으면 나도 일고 응원석으로 뛰어들어 노래를 따라 부르고 싶은 마음이 들었다. 난 일고 출신이 아닌데도.

궁금증이 생긴 건 그때였다. 이 노래, 분명 어디선가 들어본 것 같단 말이지. 어디서 들어봤지? 작곡은 누가 했을까? 대학 동기 중 일고 출신 동기들을 수소문해 물어봤다. 그때마다 대답은 같았다. 작사는 누가 했는지 알겠는데 작곡은 누가 했는지 모르겠다고 했다. 아, 답답하다 답답해. 일고 총

동창회에 전화해서 물어봐야 하나? 누가 제 궁금증 해결해 주실 분?

아무튼, 나는 이 노래를 참 좋아했다. 내가 이 노래를 얼마나 좋아했는지 보여주는 사례가 있다. 몇 년 후, 나는 길을 걷다가 제주 국제관악제 길거리 퍼레이드 행렬을 마주쳤다. 멀리서 귀에 익은 멜로디가 들려왔다. 〈차돌가〉다! 일고 관악대가 〈차돌가〉를 연주하며 시가행진을 하고 있었다. 나는 뭔가에 홀린 사람처럼, '피리 부는 사나이'를 쫓아가는 아이들처럼, 일고 관악대의 꽁무니를 따라가며 노래를 불렀다. 가사도 모르면서.

결국 〈차돌가〉의 원곡을 찾진 못했다. 기필코 답을 찾아내리라 다짐하며 차돌가 미스터리를 마음속 〈그것이 알고 싶다〉 폴더에 넣어둔 지 언 4년. 우연히 그 노래의 원곡을 알게 된 건 뜬금없게도 국가보훈처 덕분이었다. 국가보훈처의 지원 아래 〈광복 60년, 독립군가 다시 부르기-다시 부르는 노래〉라는 제목의 앨범이 발매되었는데, 이 앨범에 차돌가의 원곡이 실려있었던 것이다.

이렇게 오랜 궁금증을 풀게 된 것도 감개무량한데, 그 노래를 부른 밴드가 무려 크라잉넛이었다. 노래 제목은 〈독립군가〉. 그동안 이 노래를 들을 때마다 심장이 끓었던 이유가 노래에 얽힌 사연 때문이었던가 생각하니, 아, 하늘도 울고, 나도 울고, 크라잉넛도 울고.

　10년 후, 나는 제주의 어느 초등학교에서 6학년 담임을 맡아 가을 운동회 줄다리기 종목을 총괄 진행하게 되었다. 운동회 종목마다 입장곡을 어떤 노래로 하느냐에 따라 경기에 임하는 선수들의 결의가 달라지기 때문에 입장곡은 매우 중요하다. 쉬운 예로, 입장곡으로 〈뽀로로〉를 틀면 노는 게 제일 좋은 줄다리기가 되고 〈캐리비안의 해적〉을 틀면 필사즉생의 줄다리기가 된다. 나는 옆 반 선생님께 입장곡만큼은 나에게 맡겨달라고 부탁했다. 6학년 입장곡은 〈독립군가〉로 결정되었다.

　운동회 당일. 나를 선두로 6학년 청군, 백군 선수들이 줄지어 입장하는 가운데, 대형 스피커로 〈독립군가〉가 흘러나왔다.

> 신대한국 독립군의 백만용사야.
> 조국의 부르심을 네가 아느냐.
> 삼천리 삼천만의 우리 동포들
> 건질 이 너와 나로다.
>
> - 크라잉넛, 〈독립군가〉

이토록 신나는 펑크 연주에 이토록 비장한 가사라니. 그 와중에 운동회 분위기에 잘 어울릴 건 또 뭐람? 〈독립군가〉 가사를 목청껏 따라 부르며 혼자 울컥했던 건 비밀이다.

Track 3.

가시는 눈물이 녹인다

♬ <한계> - Nell

 군 복무 시절, 모든 게 싫었지만 가장 싫었던 건 기상 시간이었다. 아침 6시가 되면 생활관 스피커로 아쿠아의 〈Barbie girl〉이 흘러나왔다. 지금도 나는 이 노래만 들으면 PTSD가 온다. 기상 음악이 나와도 모포 덮어쓰고 잘 수 있는 특권은 병장에게만 주어졌다. 일병과 이등병은 얄짤없이 〈Barbie girl〉 음악에 맞춰 기상 체조를 해야 했다. 그것도 누워서. 일어나자마자 누워서 하는 체조는 아마 이 체조가 전 세계 유일하지 않을까 싶다. 스피커에서 친절한 동작 설명이 흘러나왔다.

 "1번 동작입니다. 누운 상태에서 몸을 왼쪽으로 돌리고 허리를 반대 방향으로 최대한 비트세요." (네? 일어나자마자?)

 더 싫었던 건 상병들이 나를 감시하고 있다는 사실이었다. 이미 말했지만, 병장은 이때도 잠을 잤다. 동작을 제대로 따라 하지 않거나 눈 감고 동작을 따라 하다 걸리면 바로 베개가 날아왔다. 쌍욕과 함께. 푹신한 베개가 아니었다. 플라스틱 덩어리가 가득 든 딱딱한 베개였다. 10분 후엔 다 같이 앉아 웃음 체조라는 걸 했다. 방송에서 '웃음 체조 시작!'이라고 말하면 다 같이 손뼉 치면서 하하하 웃었다. 나이 스물다섯에 스무 살 애한테 플라스틱 베개 맞고 웃음 체조를 하고 있다니. 풋!

그러나 해야 했다. 웃음 체조를 성의 없게 하면 선임에게 끌려가 '울음 체조'를 당해야 했으니까. 겉으로는 웃음 체조를 하고 있지만 속으로는 울고 있던 어느 날, 이등병 P가 나에게 이런 말을 했다.

"정한빛 일병님, 군대는 훈련병부터 시작해서 계급이 올라갈수록 편해지잖습니까? 이거 정말 다행인 것 같습니다. 만약 병장으로 시작해서 훈련병으로 제대한다고 하면 자살률이 급증할 것 같지 않습니까? 저도 오늘 버티면 내일 나아질 거라는 희망으로 버팁니다. 그 반대라면 상상만 해도 끔찍합니다."

너무 맞는 말이어서 반박을 못 했다. 버티면 나아질 거라는 희망. 나도 이 희망 하나로 구질구질한 시기를 버텼다. 그때의 희망 리스트 중 날 가장 설레게 했던 건 계급장이 아니었다. 내가 손에 쥐고 싶었던 건 오로지 오디오 리모컨이었다. 쉬는 시간에 생활관 오디오로 내가 좋아하는 음악을 틀 수 있는 특권.

 군대 안에서 음악을 들어보려는 시도를 안 해본 건 아니었다. CD를 반입해서 컴퓨터로 몰래 듣다가 하필 그 CD가 바이러스에 걸리는 바람에 보안 감사에 걸린 적이 있었다. 보안 감사 기간, 사령부에서 파견 나온 장교가 나를 찾아왔다.
 "이 컴퓨터로 바비킴 노래를 들은 게 자넨가?"
 살면서 이 질문만큼 핑계를 찾을 수 없는 질문도 없었던 것 같다.
 "제가 아닌데요." (그럼 누구?)
 "바비킴이 아니고 바비김인데요?" (장난하냐?)
 "CD만 틀어놓고 듣지는 않았는데요?" (영창 갈래?)
 "군대에서 음악 들은 건 제 잘못이 아닙니다. 바이러스 먹은 CD가 잘못입니다." (나랑 해보자는 거야?)
 대답 못하고 꾸물대다 결국 보안위반자 명단에 올라갔다. 일과 후 대대장님께 1:1 마술 레슨을 하며 친분을 쌓아둔 터라 징계는 겨우 면했다. 병장이 되어 그토록 음악에 목말랐던 내가 드디어 오디오 리모컨을 쥘 수 있게 되었으니, 군대도 사람 살만한 곳으로 느껴졌던 건 그때가 유일했다. 그때 무슨 노래를 틀었는지 기억나는 노래가 둘 있다. 하나는 웃음 체조 끝나고 이불 갤 때 틀었던 Muse의 〈Starlight〉. 이불 개면서 〈Starlight〉라니 이 무슨 조화? 또 하나는 지금도 내가 가장 좋아하는 앨범 TOP 10에 들어가는 명반, 넬의 〈Healing process〉 앨범이었다.

내가 생활관의 실권을 장악하고부터 생활관엔 매일 아침 넬의 노래가 울려 퍼졌다. 첫 곡 〈현실의 현실〉은 제목부터 여기가 군대라는 현실을 자각하게 해 줬고, 이어지는 노래들도 기상 직후의 우울함과 잘 어우러졌다고 나는 생각한다. 아마도 후임들은 원더걸스의 〈Tell me〉나 소녀시대의 〈다시 만난 세계〉를 듣고 싶어 했겠지만.

넬의 〈Healing process〉 앨범은 뒤로 갈수록 우울의 심연으로 가라앉는다. 우울로 둘째가라면 서러울 이등병이 이 노래들을 들으면 자살 충동을 느낄 수 있기 때문에 뒤쪽 트랙은 틀지 않았다. 그중에서도 생활관에서 절대 틀어선 안 되는 트랙이 있었다. 반드시 헤드폰을 끼고 혼자 들어야 했던 15번 트랙 〈한계〉.

이 노래는 가사 하나하나가 가시다. 가시 돋친 단어들이 폐부를 뚫고 심연을 훑고 지나간다. 노래가 끝날 때쯤 마음은 이미 폐허가 되어있다. 남은 감정의 찌꺼기들을 눈물이 빗자루로 쓸고 내려갈 때까지 폐허엔 휑- 하는 바람 소리만

이 가득했다.

> 내가 원하는 모습과 네가 필요로 하는 나의 모습이
> 같지가 않다는 것
> 잘못된 건 아니지 않나요.
> 미안할 일 아니지 않나요.
> (…)
> 난 몇 마디의 말과 몇 번의 손짓에,
> 또 몇 개의 표정과 흐르는 마음에
> 울고 웃는 그런 나약한 인간일 뿐인데,
> 대체 내게서 뭘 더 바라나요.
> 내가 줄 수 있는 것 그 이상을 줄 수 없음에
> 미안해해야 하는 건 이제 그만둘래요.
>
> - Nell, 〈한계〉

나는 지금도 이 노래를 신경안정제로 쓴다. 특히 마음의 상처가 치유되지 않을 때, 이 노래를 무한반복 해서 듣는다. 그러면 신기하게도 마음이 편해진다. 이렇게까지 했는데도 상처가 회복되지 않은 적은 없다. 아직까지는.

이 감정을 나만 느끼는 게 아니구나 하는 생각은 그 자체로 위로가 된다. 노래 가사처럼 '내가 원하는 모습과 네가 필요로 하는 나의 모습이 같지가 않다는 게 잘못된 건 아니'고, 우리 모두 '몇 마디의 말과 몇 번의 손짓에, 울고 웃는 나약한 인간일 뿐'이라는 것만 기억해도 다른 사람에게 상처를 주진 않을 텐데.

내 마음에 박힌 가시들과 내가 다른 사람의 마음에 박은 가시들이 떠오른다. 그 가시를 없애는 방법이 눈물뿐이라는 것도 알고 있다. 앞으로 이 노래를 들으며 눈물 흘릴 날이 여러 날 있겠지만, 더 이상 나는 눈물 많은 남자라는 사실이 부끄럽지 않다. 가시 박힌 말을 해놓고도 무감한 사람보다는, 내 마음에 박힌 가시를 빼낼 줄 몰라 끙끙대는 사람보다는, 울고 싶을 때 울 줄 아는 사람이, 아니 울어야 할 땐 우는 사람이, 나는 좋다.

Track 4.

뭐라고 말 좀 해봐요

♪ <Say anything> - X-japan

나에게 고등학교 야자(야간 자율학습)는 음악 감상 시간이었다. 밤 11시까지 이어지는 야자를 음악의 도움 없이 버티는 건 물 없이 고구마 11개를 먹으라는 것과 같았다. 야자를 음악 감상 시간으로 활용한 게 나뿐만은 아니었다. 주위를 둘러보면 둘 중 하나는 이어폰을 귀에 꽂고 있었다.

집이 좀 사는 친구들은 CD 플레이어를 들었고, 대부분은 워크맨을 들었다. 얼리어답터들은 MD 플레이어라는 이름의 신문물을 굳이 학교로 들고 와 자랑하기도 했다. MD 플레이어는 곧이어 MP3 플레이어가 등장하는 바람에 잠깐 반짝하다 사라졌다.

친구들의 음악 취향은 제각각이었다. 대부분은 HOT, 젝스키스, 핑클, SES 등 아이돌 댄스 음악을 들었다. 유행을 타지 않는 발라드를 듣는 친구들도 꽤 있었다. 남고에서는 락 발라드가 유행했다. 당시 남고에서 가창력은 김경호의 〈금지된 사랑〉을 삑사리 나지 않고 부를 수 있느냐로 결정되었다. 김경호를 통과하면 스틸 하트의 〈She's gone〉이라는 관문이 나왔다. 이 노래를 끝까지 부를 수 있다면 아묻따[9) 가창왕에 등극할 수 있었다. 〈She's gone〉은 난이도가 극악이라서 삑사리 한두 번 정도는 인정해 주는 게 국룰[10)이었다. 아직 유행이 시작되지 않은 힙합을 듣는 친구들이 한 반에 한두 명 정도 있었고, 헤비메탈을 듣는 친구들도 반에 한 명씩은 있었다. 나는 여기에 속했다.

내 짝꿍 M은 하루에 몇 마디 안 하고 집으로 돌아가는 내성적인 친구였다. 그렇게 조용하던 친구가 마이클 잭슨 얘기만 나오면 얼굴에 생기가 돌았다. 하루는 M이 쉬는 시간에 마이클 잭슨의 시그니처 동작인 Lean을 몸소 따라 하며 시범을 보였다.

"몸을 나처럼 앞으로 기울여봐. 보통 사람은 몸이 15도 이상 기울면 앞으로 고꾸라져. 그치? 그런데 마이클 잭슨은 45도가 넘어가도 몸을 일으킬 수 있어. 진짜 대단하지 않냐?"

---

9) 아무것도 묻고 따지지 않고 무조건의 줄임말
10) 흔히 통용되는 규칙이라는 의미의 신조어

그 각도에서 몸을 일으킨다고? 예수님이야, 뭐야? 물리 법칙상 그 동작은 천하의 마이클 잭슨이라도 불가능해 보였는데, M은 마이클 잭슨이 진짜 그렇게 할 수 있다고 믿고 있었다. 그땐 거짓말할 리 없는 착한 친구가 그렇다고 하니 나 또한 그런가 보다 했다. 그래, 네 말이 맞을지도. 마이클 잭슨이 보통 사람은 아니니까. Lean이 마술 트릭을 이용한 동작임을 알게 된 건 그로부터 몇 년 후였다. 이 사실을 알면 M은 실망할 것이다. 부디 M이 지금도 이 사실을 모르고 있기를.

야자는 새로운 음악을 접할 수 있는 음악 박람회였다. 어떤 친구가 음악을 좋아하는지는 이어폰을 얼마나 오래 꽂고 있는지 관찰하면 알 수 있었다. 틈만 나면 이어폰을 낀 친구에게 다가가 물었다.

"무슨 음악 들어?"

어쩌다 나와 취향이 비슷한 친구를 만나면 음반을 바꿔 듣자고 제안했다. 카세트테이프 하나에 5천 원이나 하던 시절이었다. 음반 물물교환 작전은 상대방이 원하는 걸 내주고 내가 원하는 걸 취하는 최고의 윈윈(Win Win) 전략이었다.

하루는 레이더망에 은색 CD를 돌려 듣는 친구들이 포착되었다. 나와 취향이 안 맞는 친구들이라 처음엔 눈여겨보지 않았는데, 점점 그 은색 CD를 돌려 듣는 친구들이 늘어났다.

CD를 듣고 있는 친구에게 다가가 물었다.

"무슨 음악 들어?"

"이거? X-japan이라고. 요즘 알게 모르게 유행하는 일본 락 밴드야. 이거 불법 해적판 CD이긴 한데 웬만한 히트곡은 다 들어있어."

X-japan? 설마 그 X-japan? X-japan이라면 TV 탐사보도 프로그램에서 이름을 접한 적이 있었다. 일본 문화 불법 유통으로 무분별하게 일본 문화를 접하는 청소년들이 우려된다는 것이 프로그램의 골자였다. 호랑이 백덤블링하던 시절 얘기 같지만, 당시는 일본 문화 수입이 법적으로 금지된 시기였다. 그때 일본 문화 불법 유통의 대표 사례로 언급된 것이 X-japan이었다.

나는 영상을 PD의 의도 그대로 흡수했다. 당시 내 나이 열여덟. 문화에 있어서는 흥선대원군 같은 쇄국 정책으로 일관하던 나는 그들의 머리 길이부터 감당이 안 됐다. 아니, 남자 머리가 왜 이렇게 길어? 미역이야, 뭐야? 그 와중에 긴 머리를 하늘로 솟구치게 만들었네? 김무스야, 뭐야? 심지어 남자가 짙은 화장까지? 안 그래도 반일 감정으로 똘똘 뭉쳐있던 나는 그들을 흠모하는 또래 청소년을 이해할 수 없었다. 당장이라도 '에구, 세상이 말세네, 말세야.' 하며 탑골 공원에서 바둑 두시는 할아버지 마냥 훈수 둘 기세였는데, 하필 그 밴드가 우리 반에 무장 공비처럼 침투한 걸 목격하고 만 것이었다.

솔직히 궁금하긴 했다. 이렇게 많은 친구들이 그들의 음악을 듣는 데는 이유가 있지 않을까? 친구에게 문제의 은색 CD를 빌렸다. 기대 없이 플레이 버튼을 눌렀다. 〈Endless rain〉, 〈Tears〉, 〈Forever love〉, 〈Unfinished〉… 잠깐! 아군이다! 사격 중지! 나의 반일 감정은 그들의 음악 앞에 무장 해제 되었다. 하루만 듣고 돌려주기로 한 CD는 대여 기간이 일주일로 연장되었다. 그즈음 노래방에서는 〈Endless rain〉과 〈Tears〉를 일본어 가사로 부르는 친구들이 늘어났다. 나는 마이너 취향의 소유자답게 〈Unfinished〉를 불렀다.

그렇게 나도 X-japan의 팬이 되었다. 락 밴드의 팬이 되면 라이브 실력이 궁금해지기 마련이다. X-japan의 노래는 하나 같이 라이브로 소화하기 쉽지 않아 보였다. 그들의 라이브는 어떨까? 전성기 토시의 보컬은 해외 유명 밴드의 보컬과 비교해 봐도 손색이 없었다. 허스키한데도 하늘 높은 줄 모르고 쭉 뻗어 나가는 보컬은 허스키한 목소리는 고음에 불리하다는 편견을 산산조각 냈다. 노래는 또 어찌나 애절하게 부르던지. 노래를 부른 건 토시였지만, 그런 노래를 만든 건 요시키였다. 둘은 환상의 짝꿍이었다.

대중음악사를 돌아보면 비틀스의 존 레넌과 폴 매카트니(리버풀 동네 친구 사이), 오아시스의 갤러거 형제(아버지에게 맞고 자란 형제 사이)처럼 이건 운명이다 싶은 조합이 있다. X-japan의 토시와 요시키도 그런 조합이다. 토시와 요시키가 네 살부터 같은 유치원을 다닌 유치원 동기라니, 그들이 다른 유치원을 다녔다면 역사는 어떻게 바뀌었을까?

그들의 전성기 시절 라이브 영상은 볼 때마다 감탄을 자아낸다. 그들의 전공인 스피드 메탈과 전공은 아니나 전공처럼 되어버린 락 발라드, 중간중간 멤버들의 솔로 연주 파트까지 어느 하나 빠지는 게 없다. 락 밴드는 포커스가 보컬이나 기타에 쏠리는 경우가 많은데, X-japan은 요시키(드럼, 피아노)와 타이지(베이스) 등 다른 멤버들의 지분도 무시할 수 없다. 오히려 보컬이나 기타(히데)보다 뒤에서 피아노와 드럼을 연주하는 요시키가 더 돋보일 때도 많았다. 요시키의 격정적인 피아노 연주와 금방이라도 울음이 터질 것 같은 표정은 청자의 눈물을 빼내는 최루가스였다.

특히 〈Say anything〉을 연주할 땐 요시키의 격정이 더 두드러졌다. 저렇게 어깨가 들썩거릴 정도의 슬픔이라면 이 노래에 무슨 사연이 있는 건 아닐까? 가사만 보면 실연의 아픔 같은데 그렇다기엔 아픔이 너무 커 보였다. 의문은 그들의 해체와 재결성 과정을 다룬 다큐멘터리 〈We are X〉에서 풀렸다.

요시키는 10살 때, 학교를 마치고 집에 왔다가 아버지가 파랗게 질린 얼굴로 누워있는 모습을 보게 된다. 아버지가 이미 세상을 떠난 뒤였다. 〈Say anything〉은 어린 요시키를 남기고 스스로 세상을 떠난 아버지께 바치는 노래다. 이젠 가사가 다르게 들린다. 이 노래의 'Say anything'은 '우리 얘기 좀 해요. 내게 다시 돌아와 줄 수는 없나요?'가 아니라, '아빠, 뭐라고 말 좀 해봐요. 왜 이렇게 누워만 있어요?'였던 것이다.

> 제발, 무슨 말이라도 해줘요.
> 당신이 이렇게 가버리면 난 어디로 가야 하나요?
> 무슨 말이라도, 무슨 말이라도…
>
> - X-japan, 〈Say anything〉

노래 후반부엔 요시키의 내레이션이 나온다. 이젠 이 부분이 아버지께 바치는 편지라는 걸 안다.

"시간이 지나면 모든 게 아름답게 기억되겠죠. 비가 그치면 눈물이 기억의 상처를 씻어줘요. 모든 것이 새로운 색을 입고, 모든 음이 마음의 멜로디를 연주해요. 질투는 서사시의 한 페이지를 장식하고 욕망은 꿈에 안겨요. 하지만 내 마음은 아직도 혼돈 속에 있어요. And…"

And… 다음에 요시키는 말을 잇지 못하고 침묵으로 처리한다. 그 어린 나이에 스스로 그를 떠난 아버지께 요시키는 무슨 말이 하고 싶었을까? 그럼에도 불구하고 사랑한다는 말? 그랬다면 왜 굳이 이 부분을 침묵으로 처리했을까? 이렇게 날 놔두고 떠나면 어떡하나요라는 원망?

답은 요시키만 알 것이다. 끝내 삼켜버린 말 중에 사랑한다는 말은 꼭 들어갈 것 같아서, 이 노래를 들을 때마다 나는 요시키 같은 표정이 된다.

Track 5.

도와줘요 레전드 리

♬ <이름 모를 찬송가>

　교대는 졸업 여행을 4학년 때 간다. 가도 그만 안 가도 그만인 여행이지만, 여행 앞에 졸업이라는 단어가 붙으면 왠지 다신 못 갈 것 느낌이 들어서 대부분은 짧게라도 졸업 여행을 갔다. 드물게는 해외로 나가는 경우도 있었다. 돈도 빽도 없는 나는 2박 3일 제주도 자전거 일주를 하기로 했다. 멤버는 S와 L.

　잠시 멤버 소개가 있겠다. S는 동갑내기 친구로, 교대에 입학할 땐 남자 수석으로 입학했으나 날 만나는 바람에 성적이 수직 하락, 졸업할 때는 세 자릿수 등수를 기록한 비운의 친구다. L은 같은 과 동기이자 나보다 7살 많은 형으로, 훗날 나에게 리빙 레전드라 불리게 될 인물이다. 이 레전드 인물에 대해서는 한 번 이야기를 시작하면 썰이 꼬리에 꼬리를 물고 이어질 테니, 본격적인 썰은 다음 에피소드에서 풀기로

하고 일단 예우를 다하고자 지금부터는 레전드 리라 부르겠다. (성이 이 씨여서 레전드 리)

우리는 스쿠터 삼총사로 통했다. 가장 먼저 스쿠터를 타고 학교에 나타난 건 우리의 레전드 리였다. 그는 간호조무사로 일하다 스물일곱에 교대에 입학했다. 집안이 어려워 스스로 학비와 생활비를 벌어야 했다. 그가 짊어진 삶의 무게를 나는 3학년 중간고사 때 처음 느꼈다. 교대는 내신 성적도 임용고시에 반영되기 때문에 시험 때면 다들 목숨 걸고 공부한다. 그런데 이 형은 시험지를 받자마자 이름만 쓰고 강의실을 나갔다.
"형, 시험 봐야지. 어디 가요?"
"돈 벌러 가."
자본주의의 비참함을 알리는 공익광고 같은 쓸쓸한 여운을 남기고 시험장을 떠나는 쿨함이란! 오, 마이 캡틴, 오 마이 레전드 리. 그렇게 번 돈으로 라면 한 그릇 사주지 않을 걸 알았지만, 생활비를 벌기 위해 성적을 포기하고 쿨하게 강의실을 떠나는 형 때문에 나는 눈물 젖은 시험지로 시험을 치러야 했다. 물론 눈물 젖은 시험지를 제출할 수밖에 없었던 게 레전드 리 때문만은 아니었다. 도대체 눈 씻고 찾아봐도 아는 문제가 없었다. 결과적으로 나도 백지에 가까운 답지를 내고 말았으니, 그 시간에 돈이라도 번 레전드 리의 선택이 더 나았다는 걸 뒤늦게 인정하지 않을 수 없다. 레전드 리, 당신은 다 계획이 있었군요.

과외로 돈맛을 봐 버린 레전드 리는 문어발처럼 과외를 확장하더니, 어느 날 중소기업 사장 포스로 학교에 나타났다. 20만 원짜리 중고 택트를 끌고. 그는 이 택트를 잘 타다가 다음 해 22만 원에 팔았다. 진짜 대단한 사람이다. 당시까지 스쿠터를 한 번도 타본 적 없던 나는 레전드 리가 몰고 온 신문물을 보고 호기심이 생겼다.

"형, 이거 한 번 타봐도 돼요? 어떻게 타는 거예요?"

"너 자전거 탈 줄 알지? 자전거보다 쉬워. 시동 걸어줄 테니까 오른쪽 손잡이 땡겨봐. 그럼 앞으로 나가."

"진짜 쉽네요. 그런데 세우는 방법은 안 알려줌?"

모터바이크의 세계에 입문하는 순간이었다. 다음 날, 있는 돈 없는 돈 다 털어 30만 원짜리 중고 스쿠터를 샀다. 내가 스쿠터를 끌고 학교에 나타나자, 그 모습을 본 S가 또 어느 날 스쿠터를 끌고 학교에 나타났다. 셋이 함께 스쿠터를 타고 온 날, 교문을 통과할 때 쏟아지던 주위의 환호성을 기억한다. 그렇게 스쿠터 세 대로 졸업 여행을 떠났다면 참 좋았을 텐데, 졸업 여행 직전에 내가 스쿠터를 도난당하는 바람에 졸업 여행은 자전거로 떠나게 됐다. 반전 무엇.

첫째 날, 출발하자마자 자전거가 가벼워지는 걸 느꼈다. 몸 컨디션이 좋아서 그런 게 아니었다. 자전거 부품이 하나둘 떨어져 나가고 있었다. 심지어 페달 발판도 부서졌다. 옥션에서 배송비 포함 98,000원에 산 중국산 자전거는 그렇게 값어치를 증명했다. 참 신기한 자전거였다. 다행히 나에겐 두 발이라는 초강력 엔진이 있었다. 고물 자전거 때문에 첫날 목적지에 도착할 수나 있을까 했지만, 남자 셋의 자존심 싸움이 붙는 바람에 예상보다 빨리, 그러나 예상보다 훨씬 체력을 소진한 채 목적지에 도착했다.

"아까 중문에서 오르막길 계속 이어질 때 안 힘들었어요?"
"당근 힘들었지."
"그런데 왜 쉬자는 말을 안 했어요?"
"아무도 쉬자는 말을 안 하니까 나도 오기가 생기더라고."
"어? 나도 그랬는데?"
"헐, 나도."

에휴, 미련 곰탱이들. 첫날 체력을 너무 많이 써버려서 둘째 날 일정은 여유 있게 잡았다. 낮에 우도에 들어갔다가 마지막 배를 타고 나오는 일정이었다. 사건은 우도에 들어갔다가 나오는 배를 놓치면서 시작됐다.

"우리 망했네요."
"그러게. 큰일 났네. 너네 얼마 있냐?"

셋이 돈을 모아도 숙박비엔 턱없이 부족했다.

"나에게 좋은 생각이 있어. 일단 마트에 가서 새우깡이랑 맥주 사자."

"네? 맥주 사서 어디서 먹으려고요? 숙박비도 없는데."

"일단 따라와 봐."

마트에서 새우깡과 맥주를 사서 따라간 곳은 어느 폐교의 운동장이었다. 이미 사방은 어두워져 밤하늘엔 별이 촘촘히 박혀있었다. 우리는 잡초가 무성한 폐교 한가운데 앉아 대학교 교양 시간에 주워들었던 카르페디엠의 철학을 실천하고 있었다. 뒤에 벌어질 일은 상상하지 못한 채.

"빛아, S야. 우리가 지금은 돈이 없어서 맥주에 새우깡 까고 있지만, 내가 올해 시험 합격하면 월급 차곡차곡 모아서 여름방학 때 제주도 내려올게. 그땐 양주 먹자."

"설마 그 양주가 나폴레온은 아니죠?"

나폴레온은 싸구려 가짜 양주 이름이다. 술꾼도 감당할 수 없는 전설의 숙취로 유명하며, 자기도 가짜라는 걸 알았는지 이름이 '나폴레옹'이 아니라 '나폴레온'이다. 뒷일이고 나발이고 밤하늘 아래 병맥주 나발 부는 바이브가 좋았던 나는 한 술 더 떴다.

"당연하죠! 우리가 그 정도 능력은 되잖아요?"

응, 안 돼. 셋 다 임용에 합격하고 선생님이 되어 다시 만난 다음 해에도 우리는 맥주를 마셨다. 송충이는 솔잎을 먹어야 한다면서. 맥주가 다 떨어져 갈 때쯤 우리는 현실을 직시했다. 우리에겐 남은 숙제가 있었다.

"형, 그런데 우리 오늘 밤 어디서 자요?"

레전드 리는 한숨을 푹 쉬더니 말했다.

"아까 우도 돌면서 보니까 교회가 보이더라고. 보통 시골 교회는 문을 안 닫아. 교회에 몰래 들어가서 자자."

하아… 이럴 줄 알았습니다. 뭐라도 좋은 방법이 있는 줄 알았죠. 그렇게 우리는 불 꺼진 교회의 예배실에 잠입하여 나란히 벤치에 누워 잠을 청했다. 그래, 이렇게 자다가 아침이 오기 전에 사라지자. 소리도 없이, 흔적도 없이. 셋 다 피곤했는지 금세 잠이 들었다. 깊이 잠든 느낌이었는데 귓가에 찬송가가 울려 퍼졌다. 꿈인가? 눈을 떴다. 꿈이라기엔 찬송가 소리가 생생했다. 소리는 점점 커졌다. 환청인가? 교회라서 환청도 찬송가로 들리나? 순간, 교회 전체에 불이 들어왔다. 맙소사, 현실이다! 다행히 교회의 주인 되시는 분은 우리를 발견하지 못한 듯했다. 순간 정신이 번쩍 든 나는 일어나면 들킬까 봐 고개만 돌려 옆 벤치에 누워있던 레전드 리를 호출했다.

"(들릴 듯 말 듯한 목소리로) 형, 어떻게 좀 해봐요."

나의 반대편에 있던 S도 레전드 리의 허리를 쿡쿡 찌르고 있었다. 두 명의 스물세 살 대학생이 그나마 사회 경험 많은 서른 살 형님을 샌드위치처럼 에워싸고 당국의 조속한 문제 해결을 요구하는 상황. 레전드 리는 한숨을 푹 쉬더니 벌떡 일어났다.

"죄송합니다! 저희가 잘 곳도 없고 돈도 없고 해서 아침 일찍 나가려고 했는데, 이렇게 빨리 교회가 문 여는 줄 몰랐습니다. 죄송합니다! 바로 나가겠습니다!"

와, 군대 훈련병인 줄! 3년 동안 레전드 리를 보면서 그렇게 기합 든 모습은 처음이었다. 그제야 나와 S도 일어나 나라 잃은 표정을 일발 장전하고 꾸벅 인사했다. 교회 주인 되시는 분은 알고 보니 교회의 목사 사모님이셨다. 사모님은 교회에 웬 남자 셋이 자고 있다는 사실보다 레전드 리의 패기에 더 놀라셨는지 살짝 당황한 표정을 지으시고는 다소곳한 말투로 말씀하셨다.

"잘 거면 미리 말씀하시지. 바로 옆이 어린이집이에요. 보일러 틀어놓을 테니 자고 가요."

할렐루야. 성부와 성자와 성령의 이름으로, 아멘. 그땐 몰랐다. 7년 후 우도 여자를 만나 결혼을 하게 되고, 그 여자의 부모님이 교회를 다닌다고 하길래 장인, 장모님께 점수 따려고 따라간 교회가 그 교회일 줄이야. 그제야 그때 우리를 어린이집으로 인도하신 분이 목사님의 사모님이라는 걸 알게 됐다. 사모님께 7년 전 일을 이실직고했다.

"7년 전, 이 교회에 몰래 잠입해서 자고 갔던 청년이 바로 저입니다. 그때 재워주셔서 감사합니다."

사모님은 다행히 좋은 기억으로 간직하고 계셨다. 역시 사람은 착하게 살고 봐야 한다.

이렇게 훈훈하게 끝내기엔 반전이 나올 때가 됐다. 레전드 리에게 반전은 일상이니까. 셋째 날, 교회 사모님께 공손히 인사드리고 우도를 빠져나온 우리는 세화에서 휴식 시간을 가졌다. 그때 레전드 리에게 전화가 걸려 왔다.

"어디예요? 또 무슨 사고 쳤어요? 교수님이 지금 당장 집합하래요. 사회과 전부."

그 즉시 17년산 우유를 원샷 드링킹한 표정이 되어버린 레전드 리. 그도 그럴 것이, 레전드 리는 교수가 졸업 여행 기간임에도 불구하고 우리를 집합시킨 이유를 알고 있었다. 레전드 리가 교수 몰래 사용하고 있던 교수 연구실이 문제의 발단이었다. 308호 강의실과 310호 강의실 사이에 있던, 본래는 교수 연구실이지만 몇 년 동안 사용하지 않던 309호 연구실. 작년 과 대표 형이 열쇠를 인계받아 임용 고시 독서실 용도로 사용했던, 레전드 리가 그 열쇠를 인계받아 독서실 용도로 사용하기로 했지만 실제로는 아지트로 사용하고 있던, 나도 몇 번 들려 라면을 끓여 먹었던 그 연구실.

하필 졸업 여행 셋째 날, 교수님께서 판도라의 상자를 열어버리고 만 것이었다. 우리의 졸업 여행은 거기서 끝났다. 그 비밀 장소를 열자마자 천장에 대각선으로 늘어진 주황색 빨랫줄과 거기 걸려있는 속옷, 바닥에 널브러진 버너와 냄비를 보고 문화 충격을 받으셨을 교수님과 우리 때문에 잔소리를 함께 들어야 했던 과 동기들에게 늦게나마 미안한 마음을 전한다.

본인의 잘못으로 모든 과 동기가 소환된다는 사실에 마음이 심란해진 레전드 리는 학교로 가는 도중, 전봇대에 자전거를 받아버렸다. 레전드 리가 무릎을 부여잡았다. 그러나 1시간 후 닥칠 현실 때문에 아드레날린이 솟구쳐버린 레전드 리는 병원에 갈 수 없었다. 꾸역꾸역 아픔을 참으며 학교로 갔다. 그렇게 교수님의 폭풍 잔소리를 듣고 있을 때, 슬쩍 레전드 리의 표정을 봤더니 고개는 푹 숙이고 있었지만 진짜 죄송한 마음을 갖고 있는 것 같진 않았다. 아마도 그는 이런 생각을 했을 것이다. 아, 이제 라면 어디서 끓여 먹지?

그날 이후, 제주교대에는 레전드 리가 이날 다친 무릎 때문에 비 올 때마다 무릎이 쑤신다는 전설이 전해 내려온다.

Track 6.

포스트모더니즘과 레전드 리의 상관관계

♬ <즐거운 생활> - 45RPM

레전드 리의 에피소드를 글로 옮기며 입가에 미소를 짓고 있는 나를 발견했다. 돌이켜보면 그때가 제1의 전성기였다. 레전드 리와 함께 있으면 늘 즐거웠다. 언제 어떤 사고가 터질지 몰랐지만, 그 사고들이 언제나 나를 웃게 만들었다. 주머니에 돈은 없었지만, 근거 없는 낙관과 근거 있는 낭만이 넘쳐나던 시절이었다. 레전드 리와 있었던 일을 모두 옮기려면 책 한 권 분량이 나올 테니 '레전드 리의 결정적 순간 TOP 10'만 모아봤다.

1.

레전드 리를 처음 만난 건 308호 강의실 앞에서였다. 과 오티에 갔더니 우리 과에 남자 신입생은 나뿐이어서 뻘쭘하게 앉아 있다 나오던 참이었다. 뒤에서 날 부르는 소리가 들렸다.

"저기… 혹시 사회과 01학번 맞으시죠? 저 이번에 사회과에 입학한 레전드 리라고 합니다. 남자 동기는 셋뿐이니까 4년 동안 잘 지내봅시다."

수줍어하는 표정과 예의 바른 말투, 한껏 상기된 표정. 이마가 훤한 걸 보고 한눈에 봐도 형인 걸 알 수 있었다. 참고로 레전드 리의 별명은 '이마반'이다. 이마가 얼굴의 반이라서. 나도 수줍게 인사하고 헤어졌다. 일주일 동안 그는 말 한 마디 없었다. 내성적인 성격이구나. 불편해할 것 같아 굳이 말을 붙이진 않았다.

개강 첫째 주 금요일, 개강 파티가 열렸다. 새내기가 돌아가며 자기 소개할 확률 200%. 수줍게 일어선 레전드 리. 그런데 갑자기 막걸리 병을 들고 덩크슛을 하더니, 괴랄한 호러 엽기 판타스틱 슬랩스틱 몸 개그쇼를 하며 청중을 휘어잡는 게 아닌가? 술기운이 올라왔는지 덤블링하고, 노래 부르고, 춤추고, 진심 돌아이인 줄. 〈무한도전〉 레전드 회차 중 하나인 〈돌아이 페스티벌〉 편이 그때 나왔다면 레전드 리를 참가자로 보내는 건데 아쉬울 따름이다.

영화 〈식스 센스〉 이후로 그런 반전은 없었다. 일주일 동안 묵언 수행하는 줄 알았던 사람이 갑자기 저렇게 변할 수 있다고? 사람이 술을 먹으면 본성이 나온다던데, 그렇다면 저게 레전드 리의 본성? 앞으로 대학 생활이 흥미진진하게 흘러가겠군. 나는 다음 순서가 나라는 사실도 잊어버린 채 흐뭇하게 레전드 리를 바라봤다. 그리고 생각했다. 이럴 거면 그동안 수줍은 척은 왜 한 거? 이건 아직도 미스터리.

2.

제주교대에는 락 밴드 동아리가 있다. 매년 3월에 새내기 환영 공연을 한다. 개강 파티 날, 마치 피를 나눈 형제처럼 친해진 우리는 초대도 안 했는데 새내기 환영 공연에 갔다. 우리는 맨 뒷자리에 자리를 잡았다. 그땐 나도 ENFP로 살 때였기 때문에 언제 무대 위로 난입해서 분위기를 띄울지 타이밍만 재고 있었다. 이때다 싶은 타이밍이 왔을 때, 레전드 리와 함께 무대로 뛰어들었다. 분위기를 한껏 띄우고 흐뭇한 표정으로 자리에 복귀했다. 분위기가 절정에 이를 때쯤 남자 보컬 선배가 분위기 잡는 락 발라드를 불러제꼈다. 레전드 리는 조금 전 퍼포먼스에 아쉬움이 남았는지 나에게 말했다.

"빛, 한 번 더 무대 위로?"

"형, 그런데 지금은 무대에 올라갈 타이밍이 아닌 것 같은데요? 이건 나이트클럽으로 따지면 블루스 타임 같은…"

대답을 듣기도 전에 레전드 리는 무대로 터벅터벅 걸어갔다. 아이씨, 지금은 타이밍이 아니라니까! 나도 뒤따라갔지만, 걸어가는 도중에 아무리 생각해 봐도 지금은 타이밍이 아닌 것 같아 비어있는 앞자리에 잽싸게 앉았다.

잠시 후, 교대 역사상 전대미문의 사건이 터지며 공연장은 폭소의 도가니탕이 되는데… 남자 보컬이 기타 솔로 파트에서 폼 잡으며 뒤로 돌아선 가운데, 그새 무대 위로 올라간 레전드 리가 보컬에게 X침하는 포즈를 취하는 게 아닌가! 물론 실제로 X침을 하진 않았겠지만 뒤돌아 서 있는 보컬과 그에게 X침을 날리는 취객 한 명이라니. 이 아방가르드하고 그로테스크하며 포스트모더닉한 장면을 해석하기에 나는 너무 어렸고, 얼굴은 사색이 되었지만, 솔직히 겁나 웃겼다. 아니, 누가 이보다 괴랄한 장면을 연출할 수 있단 말인가!

지금도 나는 킥킥대면서 이 글을 쓰고 있다. 그렇다고 레전드 리가 경우 없는 사람은 아니라서 레전드 리는 공연이 끝난 후 보컬을 찾아가 사과했다. 보컬은 쿨하게 웃으며 사과를 받아줬지만, 표정은 '와, 살다 살다 이런…' 하는 표정을 짓고 있었다.

3.
레전드 리, 후배 몇 명과 함께 술집에 갔다. 레전드 리가 쏘기로 해서 모인 자리였다. 그렇게 돈 아끼는 사람이 갑자기 술을 쏜다고? 살다 보니 별일이 다 있네. 의심스러웠지만 쏜다는데 마다하면 예의가 아니다.

레전드 리는 약속대로 비싸 보이는 술집에 우리를 데리고 갔다. 레전드 리가 메뉴판을 펼치자 아무거나 시켜달라 말하고 화장실에 다녀왔다. 그런데 화장실에 다녀와 보니 물컵과 메뉴판만 덩그러니 남겨져 있는 게 아닌가? 담배도 안 피우는 사람들이 어디 갔대? 기다렸다. 왜 이렇게 안 오지? 5분이 지났다. 오라는 사람은 안 오고 웨이터가 왔다.

"아까 그분들 기다리시는 거예요? 그분들 아까 메뉴판 보고 자기들끼리 킥킥대더니 나가시던데요?"

하아… 시바(견). 또 낚였다. 밖에 나갔더니 다들 배꼽 잡고 웃고 있었다.

"와아, 시발(점). 물까지 마셨는데 그냥 나가면 어떡해요? 아니, 여기가 옹달샘이야, 뭐야? 아, 진짜 생각만 해도 열받네. 물이라도 먹지 말던가. 죄송합니다 인사하고 나오는데 뻘쭘해 죽는 줄."

"아니, 내가 사려고 했는데, 생각보다 너무 비싸더라고. 내가 가격 보고 메뉴판 접고 나가니까 애들도 눈치채고 하나둘 따라 나오더라고. 크크크."

언젠가는 반드시 복수한다.

4.

그날이 왔다. 그동안 〈톰과 제리〉의 톰처럼 얼마나 많이 당해왔던가. 술집에서 옹달샘 찾는 사슴 취급을 당하질 않나, 모르는 번호로 전화 와서 받았더니 다짜고짜 "도에 대해 생각해 보셨죠?" 하질 않나. 사연인즉슨, 레전드 리가 길에서 '도를 아십니까?' 하는 분을 만나자 자기도 사실 도에 관심이 있는데 지금은 바쁘니 나중에 전화하라며 내 번호를 알려줬다. 아오, 진짜. 박찬욱 감독의 복수 3부작 시나리오보다 철저하게 처절한 복수 프로젝트를 계획했다.

물비린내 나는 결행 당일. 나는 도서관 2층에서 양동이에 물을 가득 받아놓고 레전드 리가 도서관 1층에 나타나기만을 기다렸다. 그가 나타나면 2층에서 양동이로 물 20리터를 퍼부을 계획이었다. 계획대로만 되면 역사에 길이 남을 명장면이 탄생할 예정이었다. 문제는 그가 언제 나타날지 모른다는 사실이었다. 하는 수 없이 그를 도서관 2층으로 유인했다. 4학년이었기에 임용 고시 공부 핑계로 도서관에 부르는 건 쉬웠다. 내 옆자리에서 공부하던 레전드 리는 잠시 어디 다녀오겠다며 자리를 떴다. 그를 따라갔다. 배웅하는 척하며 2년간 준비한 복수를 감행하기 위해.

"형, 잘 갔다 와요."

그가 2층 복도 계단 코너를 돌자마자 준비한 양동이를 들어 올렸다. 2층에서 인사하고 1층 입구를 걸어가는 데 걸리는 시간은 10여 초. 2층에서 낙하한 물이 1층에 떨어지는 시간 0.8초. 타이밍이 생명이었다. 물을 정확한 타이밍에 부어야 했다. 그가 1층 입구를 통과하기 0.8초 전, 양동이 한 바가지의 물이 투하되었다. 레전드 리의 머리 위로 물 20리터가 쏟아졌다. 한 치의 오차 없이, 정확하게. 몇 년 후, 〈무한도전 200회 특집〉에서 멤버들이 박명수 특집 공연을 빙자해 박명수를 무대 중앙으로 유인한 후 천장에서 물 폭탄을 쏟아붓는 퍼포먼스를 했다. 보면서 이때 생각이 많이 났다. 물 폭탄을 맞자마자 본능적으로 천장을 올려다본 레전드 리는 나와 눈이 마주쳤다. 찡긋. 싱긋. 성공적.

5.
졸업 사진을 찍는 날이었다. 365일 추리닝만 입고 다니는 레전드 리도 이날은 넥타이를 매고 나타났다. 문제는 넥타이 위에 주황색 추리닝 잠바를 입고 나타났다는 사실이었다. 그는 따봉 포즈를 하고 사진을 찍었다. 사진 기사는 이건 졸업 사진이고 앨범으로 나가는 거라서 장난스럽게 사진을 찍으면 안 된다고 하셨다. 속으로 생각했다. 사진 기사님, 상대를 잘못 고르셨어요. 이 형은 그런 논리로는 상대 안 돼요. 아니나 다를까, 둘의 토론 배틀이 붙었다. 청코너, 사진기사 경력

20년의 사진기사 M모씨.

"학생! (이 형, 얼굴은 학생이 아닌데? 이미 머리가 반이 벗겨졌는데?) 내가 졸업 앨범만 20년 넘게 찍었는데 이렇게 입고 온 학생도 처음이지만 따봉 포즈로 사진 찍은 학생도 처음이야. (이 형은 그게 생활인데? 절대 설득이 안 될 텐데?) 지금이라도 주황색 추리닝 잠바 벗어요. (이 형한테 추리닝은 그냥 피부인데? 365일 추리닝만 입는 사람인데?)"

홍코너, 레전드 리 등판.

"사장님, 고등학교 졸업 사진이 아니잖아요. 모두가 다 똑같은 옷, 똑같은 포즈로 사진을 찍으면 얼마나 재미없겠습니까? 그 뭐냐, 포스트… 아, 맞다! 포스트모더니즘! 요즘은 포스트모더니즘의 시대라고요!"

와, 수업 시간에 주워들은 걸 여기서 이렇게 써먹는다고? 이게 바로 배워서 남 주는 배움의 현장? 감탄하며 강 건너 불구경하듯 둘의 논리 튀기는 싸움을 구경했다. (진짜 둘 다 논리를 튀겨버림) 예상대로 레전드 리는 착장 그대로 사진을 찍었고 졸업 앨범에도 그 모습 그대로 실렸다. 최종 승자는 레전드 리였다. 그렇게 사진을 찍어놓고 정작 본인은 앨범을 안 샀기 때문이다. 그야말로 '다 된 졸업 앨범에 레전드 리 뿌리기'였다.

6.

레전드 리 집에 놀러 갔다. 1년 집세가 100만 원이랬나? 한 달에 10만 원도 안 하는 집이 있다고? 사라봉 근처에 있던 그의 집 현관을 열자마자 생각했다. 와, 100만 원이면 비싸다. 그 집을 좋아할 사람은 살아생전의 파브르밖에 없을 것이다. 여기서 일상생활이 가능할까 싶은 좁아터진 방에서 다양한 곤충과 함께 살고 있었다.

진심 곤충학자 연구실인 줄. 바퀴벌레는 기본이고, 지네는 안 나오면 다행이고, 왠지 벽을 뚫고 악어도 나올 것 같은… 에휴, 그만하자. 아무튼 밤에 형광등 안 켜고 반딧불을 모아 전등으로 삼을 것 같은 곤충 바이브 가득한 방이었다. 그런데 바로 이곳에 도둑이 들어와 빈집털이를 하는, 그나마 남아있던 인류애를 바사삭 부숴버리는 사건이 발생하고 만 것이었다. 벼룩의 간을 빼먹어도 유분수지 그 집에 털 게 어딨다고.

추리닝 4벌을 비롯해 38,000원가량의 피해를 입은 레전드 리는 상심한 얼굴로 학교에 나타났다. 레전드 리는 정성껏 '도둑님께'로 시작하는 편지를 써 내려갔고, 집으로 돌아가 그 편지를 집 대문에 붙였다.

"형, 도둑이 형 집을 다시 찾을 리는 없잖아요? 그 편지 붙여 봐야 의미 없는 거 아니에요?"

"듣고 보니 그렇네."

아, 우리 형 어쩔. 그나저나 그 도둑 진짜 너무했다. 나라면 집 털러 갔다가 그런 집 만나면 나보다 더 어려운 사람이 있었네 하며 눈물 한 바가지 쏟고 내가 입고 있는 옷 내려놓고 오겠다. 영화 〈해바라기〉의 명대사를 그 도둑에게 바친다.

"도둑아, 꼭 그래야만 속이 후련했냐?"

7.

레전드 리와 길을 걷다 보면 먼저 가라 하고 사라질 때가 있었다. 뒤돌아보면 길거리에서 구걸하는 사람에게 돈을 주고 있었다. 자기도 돈 없으면서. 참 따뜻한 사람이었다. 그래서 그를 좋아했다.

8.

너무 따뜻했나? 감동 파괴 들어간다. 1학년 말, 우리는 투쟁이라는 대혼돈의 소용돌이 속으로 휩쓸려 들어갔다. 교대협 회장이 지명수배당하고 4학년 학생회장 누나가 삭발하는 걸 보며 예삿일이 아니라는 걸 실감했다. 3차 상경 투쟁에 참여했던 선발대가 경찰에 끌려가 난지도에 버려졌다는 소식도 들려왔다. 학교에서는 4차 상경 투쟁에 참여할 학생을 뽑았다. 나는 레전드 리와 함께 4차 상경 투쟁에 참여했다. 대의는 없었다. 그저 궁금했다. 투쟁이란 게 뭔지.

투쟁의 명분은 보수교육 반대였다. 20년이 지나 기억이 가물가물하지만, 교사가 부족한 곳에 땜빵 식으로 자격 없는 사람들을 채용하겠다는 정책 때문이었던 것으로 기억한다. 교육 정책을 이렇게 주먹구구식으로 밀어붙인다고? 모르긴 몰라도 이건 아니다 싶었고, 누구보다 열심히 투쟁에 참여했다. 투쟁이 길어지면 분열과 갈등을 불러오기 마련이다. 길어지는 투쟁으로 다들 체력이 떨어져 가는 상황에서 투쟁의 끝이 보이지 않다 보니 서로에 대한 갈등과 반목이 쌓여갔다.

급기야 상경 투쟁에서 다른 교대 학생과 토론 배틀이 붙은 레전드 리는 답답한 현실에 화가 나 화장실에서 눈물을 훔쳤다. 다른 대학을 졸업하고 군대도 다녀온 그에게 교과서 같은 교대의 투쟁 방식은 어린아이 소꿉장난처럼 느껴졌을 것이다. 울고 있는 형을 보며 생각했다. 이 형 진심이구나. 무슨 일 생기면 무조건 도와줘야겠다.

제주로 돌아와 투쟁을 이어갔지만, 희망은 보이지 않았다. 레전드 리는 정부 편에 서서 어이없는 판결을 한 법원에 항의하는 의미로 법원 앞 릴레이 1인 시위를 제안했다. 반응은 썰렁했다. 어느 날 레전드 리가 나와 S(스쿠터 삼총사 중 한 명인 그 S)를 찾아왔다. 릴레이 1인 시위를 도와달라며.

"1인 시위가 뭐예요?"

"피켓은 내가 만들 테니까 법원 앞에서 그 피켓 들고 가만히 서 있으면 돼."

하기 싫었지만 거절할 수 없었다. 결행 전날, 우리는 대학 동기 Y의 집에서 잤다. 새벽에 너무 추워서 눈이 저절로 떠졌다. 옆을 보니 레전드 리도, S도 안 자고 있었다.

"형, 진짜 갈 거예요? 없었던 일로 합시다."

대답이 없었다. S도 설득했지만 레전드 리는 뜻을 꺾지 않았다. 어김없이 아침이 밝았다. 집을 나왔더니 밖이 더 따뜻했다. 참 신기한 집이었다. 바깥보다 집 안이 더 춥다니. 시위 순서는 가위바위보로 정했다. 레전드 리 1번, S 2번, 나 3번.

법원 앞 1인 시위가 시작되었다. 레전드 리가 피켓을 들고 서 있는데 법원 경비가 와서 뜯어말렸다. 자리를 옮기는 조건으로 시위가 이어졌다. 내 차례가 왔다. 진심 욕이 튀어나왔다. 피켓을 들고 서 있으니, 사람들이 쳐다봤다. 후드티 뒤집어쓰고 마스크까지 썼지만, 창피해서 눈을 감았다. 잠시 후, 카메라 플래시가 번쩍하는 느낌이 들어 눈을 떴더니 기자가 사진을 찍고 있었다.

"저기요, 사진 찍으면 안 되는데요?"

"한라일보 기자입니다. 이렇게 1인 시위를 한다는 건 알리고 싶어서 하는 거 아닌가요?"

잠시 언쟁이 있었다. 지금도 선명히 기억하는 단어는 '신념'이다.

'제가 무슨 신념이 있어서 하는 건 아니고.' 했다가 신념도 없이 1인 시위를 하냐며 기자한테 폭풍 잔소리만 들었다. 너무 맞는 말이어서 반박할 수 없었다. 이럴 땐 레전드 리를 호출해야 한다.

"전 도와주러 나온 거고, 시위의 명분은 저분께 물어보세요." 하며 레전드 리가 있는 곳을 손가락으로 가리켰는데, 내가 가리킨 곳에 아무도 없는 것 아닌가? 하아… 이 중요한 때 다들 어디 간 거야? 결국 신문엔 내 사진만 실렸다. 지금도 이때를 생각하면 창피하다. 신념이라는 단어의 무게를 이때 처음 느꼈기 때문이다. 창피한 이유 하나 더. 마지막에 기자와 논리로 싸울 수 없겠다는 판단이 들어 기자님께 부탁을 드렸다. 이때의 멘트는 지금도 흑역사로 남아있다.

"기자님, 제 아버지가 교육 공무원인데 신문에는 기사 안 실으면 안 될까요?" (기자둥절. 아버지가 공무원인 거랑 1인 시위랑 무슨 상관?)

9.
당시 교대에는 체육 대회가 끝나고 소규모 나이트클럽을 통째로 빌려서 노는 전통이 있었다. 나와 레전드 리가 이 아름다운 전통에 빠질 수 있나? 우리는 지금도 제주교대 명예의 전당에 '4년 연속 체육 대회 애프터 파티에 참가한 인물'로 기록되어 있다. 보통은 아무리 정신 꺾여져도 4학년 땐 나이트클럽 안 따라간다. 4학년 때는 임용 고시 공부를 해야 하기 때문이다.

체육 대회가 끝나면 바로 체육관에서 1차 막걸리 뒤풀이를 하고 나이트클럽으로 이동했다. 나이트클럽에 도착할 때쯤엔 이미 다들 취해있었기 때문에 그다음 무슨 일이 있었는지는 기억이 없다. 다만 한 가지는 확실히 기억난다. 무대로 난입해 DJ 옆에서 춤추다가 관계자에 의해 끌어내려지는 레전드 리의 뒷모습. 내려와서 같이 춤추다 한눈팔면 또 그새 사라졌다. 어디 갔지? 찾아보면 또 무대에서 끌어내려지고 있었다. 그걸 한 시간 내내 반복했다. 중간에 DJ가 이 사람 좀 내보내라고 짜증도 냈던 것 같다. 진짜 대단한 사람이다.

10.
교대는 축제 때마다 가요제를 연다. 3학년 때 우리는 듀엣으로 참가했다. 참가 곡명은 〈즐거운 생활〉. 영화 〈품행제로〉의 OST로 쓰인 이 노래는 통통 튀는 피아노 반주와 세상 긍정적인 가사로 단번에 우리 마음을 사로잡았다.

우리는 노래는 5분 부르고, 개인기를 20분 하다가 행사 진행에 방해가 된다며 주최 측에 의해 끌려 내려왔다. 상은 못 받았다. 총 세 번 나간 가요제에서 상을 못 받은 건 이때가 유일했다. 결과가 안 좋았던 건 아무래도 레전드 리 때문인 것 같다.

> 우릴 믿고 함께하는 사람 무대 앞에.
> 영원히 함께하는 나의 팀은 옆에.
> 내 뒤에 사랑하는 가족, 친구
> 이걸로 태어난 음악이란 열매.
> 배고파도 배부른 저 사람들 앞에.
> 힘들어서 눈물 나도 웃을 수밖에.
> 무대에선 즐거워서 45rpm.
> 돈 없어도 힙합 있음 I don't care.
>
> - 45RPM, 〈즐거운 생활〉

> **덧붙임**
>
> 이 글을 레전드 리에게 카톡으로 보냈더니 레전드 리도 추억에 잠긴 모양이다. 며칠 후, 이날 참가 영상을 찍은 캠코더 파일을 찾았다며 영상을 보기 위해 업체에 복원을 맡기겠다고 했다. 나는 괜히 돈 쓰지 말고 추억으로 간직하자고 했다. 기어코 제 돈 들여 파일을 복원한 레전드 리는 그 파일을 카톡으로 나에게 보내줬다. 떨리는 마음으로 플레이 버튼을 눌렀지만, 손발이 오글거려 도저히 1분 이상 볼 수가 없었다. 레전드 리에겐 미안하지만, 앞으로도 이 파일은 열어보지 못할 것 같다. 내 정신 건강을 위해.

Track 7.

내 장례식엔 이 노래를 틀어줘요

♫ <No surprises> - Radiohead

영국의 자선 단체에서 임종 환자를 잃은 유가족을 대상으로 환자가 마지막 순간에 듣고 싶어 한 노래를 조사했다. 그 결과 10개의 곡이 선정되었다. 1위는 프랭크 시나트라의 〈My way〉, 2위는 휘트니 휴스턴의 〈I will always love you〉였다. 죽음을 앞둔 나는 어떤 노래를 듣고 싶어 할까? 이변이 없다면 두 개의 노래가 경쟁할 것 같다.

하나는 시규어 로스의 〈Festival〉. 일단 노래가 길다. 9분 25초. 대부분의 대중음악은 5분을 넘지 않는다. 5분은 인생을 정리하기엔 너무 짧은 시간 아닌가? 노래의 기승전결도 완벽하다. 점층적으로 감정을 빌드업한 후 클라이맥스를 터뜨리고 마지막에 잔잔하게 페이드아웃 되는 '탄생-성장-피크-내리막-소멸'의 구조를 갖추고 있다. 지난 인생을 되돌아보는 데 이만한 BGM이 또 있을까 싶다. 심지어 제목도 '축제(Festival)'이다. 인생이라는 축제.

또 하나는 라디오헤드의 〈No surprises〉이다. 내게 라디오헤드는 눈물과 동의어다. 라디오헤드를 말할 때 눈물을 빼놓고 말한다면 라디오헤드를 제대로 말하지 않은 것이다. 라디오헤드는 나에게 그런 밴드이다. 20대의 나를 무의식의 수면 밑바닥으로 끌어당겨 바닥을 치고 올라갈 수 있게 해 준 밴드. 라디오헤드를 처음 만난 그날 이야기를 하지 않을 수 없다.

나는 대학에 입학 후, 온 세상의 아름다움을 스펀지처럼 흡수하고 있었다. 자발적 아싸[11]로 살고 있는 지금과 달리 그때의 나는 우연히 구축한 관종[12] 캐릭터를 본성으로 착각한 채 행복한 하루하루를 보내고 있었다. 행복은 너무도 쉬웠다. 숨 쉬는 것보다 더. 대학 와서 친해진 사람이 많다 보니 술자리도 많아졌다. 술에 취해 집에 들어오면 컴퓨터 앞에 앉아 그날 업데이트된 뮤직비디오를 감상하는 게 일과의 마무리가 됐다. 그날은 브릿팝 카테고리에 업데이트된 뮤직비디오를 감상하는 날이었는데, 낯익은 밴드 이름이 눈에 들어왔다.

---

11) 아웃사이더의 줄임말로, 주로 혼자 노는 사람을 일컫는 신조어
12) 관심 종자의 줄임말로, 관심받고 싶어 환장한 사람을 일컫는 신조어

<No surprises> - Radiohead

〈Creep〉의 그 라디오헤드? 이 밴드 노래 좋지. 다른 노래도 들어볼까? 뮤직비디오가 시작됐다. 새까만 밤하늘을 뚫고 차분하게 깔리는 영롱한 기타 사운드. 이어지는 톰 요크의 애절하다 못해 절절한, 절절하다 못해 처절한 보컬. 마치 모든 걸 체념한 한 사람이 '이제 미련 없고요. 그냥 이대로 떠날게요.'라고 말하며 마지막 숨을 토해내는 것 같던 그 목소리.

노래가 끝났을 때, 내 눈에서는 눈물이 흐르고 있었다. 순전히 노래가 슬퍼서 울어본 건 이때가 처음이었다. 그날 이후, 나는 라디오헤드의 열혈 팬이 되었다. 그들의 모든 음반을 수집했고, 인터넷 ID는 '라디오헤드 내한 공연 추진위원회'로 바꿨다. 라디오헤드 인터넷 팬클럽에 가입해서 후드티를 사기도 했다. 이 후드티는 내 평생 처음이자 마지막으로 산 굿즈[13]다.

바람과 달리 라디오헤드는 오지 않았다. 옆 나라 일본은 잘도 가면서 한국엔 오지 않았다. 인터넷에서는 톰 요크가 학창 시절에 한국 학생에게 학교 폭력을 당해서 한국엔 오지 않는다는 썰마저 돌았다. 그렇게 10년이 흘렀다. 언젠가는

---

13) 인기 연예인의 팬을 위해 만든 상품

오겠지. 죽기 전엔 오겠지. 그리고 그날은 왔다. 몇 줄짜리 기사와 함께 시크하게.

[공식] 라디오헤드 지산 밸리 락페스티벌 참가 확정

 기뻐할 수만은 없었다. 하필 그때 나는 호주에 살고 있었다. 이게 무슨 운명의 장난이란 말인가? 오라 할 땐 그렇게 안 오더니 왜 하필 내가 호주에 있는 지금 오냐 이 말이다. 잠깐! 이게 월드 투어라면 호주도 오지 않을까? 검색했다. 와, 시드니도 온다! 역시 하늘은 날 버리지 않았어. 티켓을 사러 사이트에 들어갔다. 응, 매진. 아직 포기하기엔 이르다. 호주가 얼마나 넓은데. 한 번만 공연할 리 없어. 다른 도시도 들리지 않을까? 다른 도시 공연 일정을 검색했다. 신이시여 제발… 와! 브리즈번도 온다! 응, 매진.

 이쯤 되면 막 가자는 거지요? 정 그렇게 나오신다면 방법이 없습니다. 당신이 안 오겠다면 제가 가야지요. 그렇게 나는 남반구 시드니의 한파를 뚫고 다음 날 북반구의 불볕더위 속으로 뛰어 들어갔다. 아내에게는 한국에 가서 토익 시험을 보고 오겠다고 말했다. 100퍼센트 뻥은 아닌 것이, 당시 나는 호주 생활에 만족하고 있던 터라 호주 생활을 1년 더 연장할 계획을 세우고 있었다. 휴직을 1년 더 연장하려면 유학 휴직을 신청해야 했는데, 유학 휴직 신청 조건에 토익 점수가 있었다. 아내한테는 한국에서 토익 시험을 보고 유학 휴직 신청 조건을 맞춰 오겠노라 호언장담했다. 시험 결과는 비밀에 부치겠다.

공연 당일. 한국에 도착하자마자 바로 지산으로 직행했다. 라디오헤드 앞에 누가 나왔는지는 신기하게도 기억이 없다. 오직 라디오헤드만을 위한 몇 시간의, 아니 지난 10년간의 기다림. 암전을 뚫고 꿈에 그리던 라디오헤드가 나왔다. 첫 곡은 〈Lotus flower〉. 불과 며칠 전 시드니 달링하버 불꽃놀이 쇼에서 BGM으로 울려 퍼지던 그 노래. 〈Lotus flower〉를 눈앞에서 라디오헤드가 연주하고 있었다. 실시간으로.

내 얼굴 위로 뜨겁고 투명한 액체가 흐르고 있었다. 라디오헤드의 첫 내한에 대한 나만의 예우였고 필생의 버킷리스트를 이뤄준 데 따른 보답이었다. 아마도 그때 속으로 이렇게 되뇌었을 것이다.

이제 죽어도 여한이 없다.

내 삶의 이유

이제야 나 태어난 그 이유를 알 것만 같아요.
그대를 만나 죽도록 사랑하는 게
누군가 주신 내 삶의 이유라면
더 이상 나에겐 그 무엇도 바랄 게 없어요.
지금처럼만 서로를 사랑하는 게
누군가 주신 나의 행복이죠.

- 김동률, <감사>

Track 1.

지금은 때가 아니에요

♬ <Don't go away> - Oasis

밤 10시, 대천 해수욕장. 스쿠터는 대충 세워두고 길바닥에 털썩 주저앉았다. 전날 목포에서 인천까지 400km를, 오늘은 인천에서 대천까지 200km를 스쿠터로 달렸으니 지칠 만도 했다. 핸드폰으로 근처 숙소를 알아보는데 전화가 왔다.

"아들, 지금 어디?"
"대천이요. 대천 해수욕장."
"대천? 거기는 왜?"
"스쿠터 타고 여행 중이에요."
"아버지 쓰러졌다. 위암이래. 지금 바로 제주대 병원으로 와라."

다음 날 새벽에 출발하는 배를 검색했다. 다행히 아침 일찍 목포에서 출발하는 배가 있었다. 목포항은 최단 거리로 검색해도 200km 넘게 떨어져 있었다. 거리가 문제가 아니었다. 밤을 새워서라도 목포항에 가야 했다. 핸드폰을 봤더니 배터리가 간당간당했다. 만약을 대비해 핸드폰은 꺼두고 감에 의지해 목포항을 찾아갔다. 오른쪽에 바다를 끼고 계속 달리면 목포항에 닿을 터였다. 중간에 길을 잘못 드는 바람에 시간이 한참 지체됐다. 시각은 새벽 4시를 넘어가고 있었다. 무아지경이 되어 무의식적으로 스로틀을 당겼다.

목적지를 50km 남겨두고 문제가 생겼다. 이번엔 기름이 간당간당했다. 배터리를 아끼려고 꺼두었던 핸드폰을 켰다. 새벽에 문 여는 주유소가 있을까? 없었다. 여기서 포기해야 하나? 일단 기름이 다 떨어질 때까지 달려보기로 했다.

기적처럼 눈앞에 주유소가 나타났다. 그런데 주유소에 사람이 아무도 없었다. 주유소 간판을 보니 셀프 주유소라고 쓰여있었다. 셀프 주유소가 우리나라에 처음 등장한 시기였다. 나는 셀프 주유소를 이용해 본 적이 없었다. 다행히 주유기 위에 붙여진 '셀프 주유기 사용 설명서'를 발견했다. 그대로 따라 했더니 기름이 채워졌다. 하늘은 날 버리지 않았구나. 기적 같은 행운으로 목포항에 도착했다. 계기판엔 520km가 찍혀있었다. 하루 동안 520km를 달린 것이다. 스쿠터로.

병원에 갔더니 아버지께서 응급 처치를 마치고 누워계셨

다. 아버지는 평생 운동을 거른 적 없는 분이시다. 당시 예순이 넘은 나이에도 보디빌딩 선수 같은 체격을 갖고 계셨다. 그런 아버지가 환자복을 입고 작은 침대에 누워있는 모습이 낯설었다. 위 전체에 암이 퍼져 위를 잘라내야 한다고 했다. 눈물이 핑 돌았다.

한때 나의 영웅이었던 사람, 뭐 하나 빠지는 거 없이 잘난 사람, 잘나도 너무 잘나서 나의 열등감을 폭발시킨 사람. 칭찬에 참 인색했던 사람, 난 칭찬 한마디면 됐는데 그 칭찬 한마디가 너무 어려웠던 사람, 그러나 미워할 수 없는 사람, 가까이 다가가려 할수록 멀어지는 사람, 애증이라는 감정이 어떤 감정인지 알려준 사람. 나에게 어른이 된다는 건 어린 시절 내 마음속에 세운 아버지의 동상을 조금씩 허무는 과정이었다. 그 동상이 다 허물어지기도 전에 아버지는 스스로 무너져 내렸다.

그 시절 나는 오아시스에 빠져있었다. 팬들의 기대치에 못 미쳤다는 평가를 받는 3집도 나는 그저 좋았다. 3집 중 가장 좋아한 노래는 〈Don't go away〉였다. 어머니가 암에 걸린 것 같다는 소식을 듣고 노엘 갤러거가 만든 노래 〈Don't go away〉. 가사가 꼭 내 얘기 같았다.

> So don't go away
>
> Say what you say
>
> But say that you'll stay
>
> 그러니 가지 말아요.
>
> 무슨 말이라도 해줘요.
>
> 내 곁에 있겠다고 말해줘요.
>
> (…)
>
> Cause I need more time
>
> Yes, I need more time just to make things right
>
> 전 시간이 더 필요하거든요.
>
> 잘못된 걸 바로잡으려면 시간이 더 필요하거든요.
>
> - Oasis, 〈Don't go away〉

  아버지의 수술 날짜가 잡혔다. 며칠 후 스쿠터를 타고 퇴근하는 길. 신호 대기를 하는데 이어폰에서 〈Don't go away〉가 흘러나왔다. 헬멧 안으로 눈물이 흘러내렸다. 그 눈물은 나에게 말하고 있었다. 언젠가는 헤어져야 하겠지만 지금은 아니라고.

  아버지는 위를 잘라냈다. 지금은 잘 살고 계신다. 우리는 여전히 가까이 다가가려 할수록 멀어지는 사이다. 나와 생각이 달라도 너무 달라져서 요즘엔 가까이 다가가려는 노력 자체를 포기했다. 더 멀어지지만 않아도 다행이라는 생각을 한다. 그래도 가능한 한 오래 내 곁에 머물러줬으면 좋겠다. 더 멀어지지 않으려 노력하다 보면 옛 기억은 희미해질 것이고, 나는 나이가 들어 조금은 더 현명해질 것이고. 그러다 보면 망각의 도움을 받아 내 마음속에 아버지의 동상을 다시 세울 날도 오지 않을까?

그러니 당신, 섣불리 가지 마시라. 나는 아직 시간이 더 필요하다.

Track 2.

그때 그 가사가 들렸고, 나는 울었다

♬ <가시나무> - 조성모

 뭐 때문에 싸웠더라? 너와 다투고 마음을 가라앉히려 집 밖으로 뛰쳐나온 날. 집 나오면 개고생이라고 겨울바람이 어찌나 시리던지. 다행히 잠바에 후드가 달려 있었어. 에라, 모르겠다. 후드만 대충 뒤집어쓰고 바닷가를 향해 걸었지. 이런 날 파도 소리를 들으며 걸으면 마음이 편해지거든. 그 와중에 이어폰을 챙긴 건 신의 한 수였어. 파도 소리가 지겨워지면 슬픈 음악 틀어놓고 걷는 거야. 마음의 얼룩이 모두 씻겨 내려갈 때까지. 나만의 씻김굿 같은 루틴이지.

 기분도 꿀꿀한데 무슨 노래를 들으며 걸을까? 때마침 읽던 책에서 추천한 노래가 생각나서 첫 곡으로 선곡했어. 제목은 <그 아픔까지 사랑한 거야>. 그날따라 가사가 어찌나 와닿던지. 한 곡 반복 재생으로 이 노래만 듣다 보니 다른 가수가 부른 버전이 듣고 싶어졌어. 검색했더니 조성모 버전이 뜨는 거 있지? 대학교 때 조성모 리메이크 앨범 참 많이 들었었는데… 앨범 제목이 〈Classic〉이었나? 이 앨범 전체가 다시 듣고 싶어져서 전체 재생을 눌렀어. 그땐 몰랐지. 이 앨범의 첫 곡을 듣고 눈물을 흘리게 될 줄은.

> 내 속엔 내가 너무도 많아서 당신의 쉴 곳 없네.
> 내 속엔 헛된 바람들로 당신의 편할 곳 없네.
> 내 속엔 내가 어쩔 수 없는 어둠.
> 당신의 쉴 자리를 뺏고.
> 내 속엔 내가 이길 수 없는 슬픔.
> 무성한 가시나무 숲 같네.
>
> — 조성모, 〈가시나무〉 (원곡: 시인과 촌장)

스무 살 땐 들리지 않던 가사가 어쩜 이리 콕콕 박히던지. 듣다 보니 너무 내 얘기 같은 거 있지? 내 속에 내가 너무 많아서 쉴 곳 없는 너. 잘해주고 싶은데 잊을만하면 찾아오는, 내가 어쩔 수 없는 어둠. 그러나 절대 이길 수 없는 슬픔. 가사 한 줄 한 줄이 가시가 되어 온몸을 구석구석 찔러대는데 속수무책으로 당하고만 있었지 뭐. 울면서 걷는 건 청승맞아 보여서 눈물을 참아보려 했는데 다음 가사는 못 당하겠더라.

> 쉴 곳을 찾아 지쳐 날아온 어린 새들도
> 가시에 찔려 날아가고
>
> - 조성모, 〈가시나무〉 (원곡: 시인과 촌장)

 가시에 찔려 날아가는 어린 새. 왠지 그 새가 단비, 다온이처럼 느껴지는 거야. 우리 둘이야 싸워도 다음 날이면 언제 그랬냐는 듯 일상으로 돌아오겠지만, 아이들은 무슨 죄야. 단비, 다온이는 그저 쉴 곳을 찾아 날아온 어린 새들일 뿐인데. 어린 새들이 괜히 가시에 찔려 아파하겠구나 생각하니 울적해졌어.

 요즘은 눈물샘의 수도꼭지를 반쯤은 틀어놓고 사는 것 같아. 말 나온 김에, 요즘 내 마음이 왜 가시나무 숲이 되었는지에 대해 얘기해 볼게. 아마도 넌 이게 제일 궁금할 테니까. 술김에 편지 쓰고 있지만, 결혼기념일에 쓰려던 연애편지가 넋두리 편지가 되어버려 유감이지만, 이렇게 손 편지 세 장 이어갈 수 있는 남편 많지 않다? 이거 인정? 앞으로 몇 장이 될지 모른다는 게 함정. 현재 시각 새벽 2시. 이왕 시작한 거 끝은 보자.

 나는 인생의 결정적 시기를 지옥에서 보낸 게 억울해서라도 남은 삶은 행복하게 살고 싶어. 더 나아가 행복한 가정을 우리 가족에게 선물하고 싶어. 지금 세상에서 가장 행복한 사람으로 살고 있어서, 세상에서 가장 행복한 가정을 함께 만들어줘서 너에게 진심으로 감사해. 다만 '나는 지금 세상에서 가장 행복한 사람이다'라는 문장에는 괄호가 하나 빠져있어. 나는 (직장 밖에서는) 가장 행복한 사람이다.

그럼 자연스럽게 따라오는 질문 하나. 하고 싶은 일을 직업으로 삼으면 직장 안에서도 행복한 사람이 될 수 있지 않을까? 이거야말로 모든 사람의 꿈이겠지. 가까이 다가가면 사라지는 신기루 같은 꿈. 난 뭘 할 때 가장 행복한 사람일까? 뭘 잘할 수 있는 사람일까? 그 일을 직업으로 삼는다면? 요즘은 이 생각만 하고 사는 것 같아.

그러던 어느 날, 우연히 유튜브에서 영상을 하나 봤는데 정말 무섭게 빠져들더라. 최근 뭔가에 이렇게 깊이 빠져본 게 언제였나 싶을 정도로. 그때 깨달았지. 난 아직 포기하지 못했던 거야. 스무 살 때의 꿈을. 그 길을 더 늦기 전에 가보려해. 그 꿈이 뭔지는 조만간 말해줄게. 벌써 예상했으려나? (이 꿈이 뭔지는 뒤에 「꿈꿀 수 있다면 그것은 현실이다」편에서 자세히 다루겠다)

현재 시각 새벽 4시. 이젠 진짜 끝내야겠다. 〈가시나무〉의 가사처럼, 여전히 내 속엔 내가 너무 많아서 편지 안에 무슨 말을 늘어놓았는지 모르겠다. 다만 편지 안에 담긴 마음이 모두 내 진심이라는 것만큼은 알아주길. 누가 그러더라. 술은 억제하는 걸 억제한다고. 술 마시면 그 사람의 본성이 드러난다는 뜻이래. 지금 이 편지는 술과 음악의 시너지로 쓴 글이니까 200퍼센트 내 진심이야. 그러니 내일 술에서 깨더라도 다시 읽어보지 않을 거야. 내 진심이 쓴 글이니까.

내가 늘 말하지? 세상 사람 모두가 날 사랑한대도 우리 가족이 날 사랑하지 않으면 아무 의미가 없다고. 세상 사람 모두가 날 싫어한대도 우리 가족만 날 사랑해 주면 된다고.

내 마음속 가시는 잘 다듬어서 새 둥지처럼 만들어볼 테니 마지막까지 내 곁에 있어 주길. 마지막으로 비밀 하나 알려줄게. 편지지 사이사이에 얼룩 보여? 그거 내 눈물이야. 벌써 새벽 5시다. 졸리다. 이제 잔다. 안녕♡

Track 3.

천 번이 뭐야, 셀 수 없을 만큼 더

♬ <1000x> - 아일&홍진호&김형우&하현상

단비의 카톡 배경 화면에 Q&A가 올라왔다. "지금 나에게 추천하는 노래는?" 단비에게 추천하는 노래야 앉은자리에서 수백 곡도 더 써낼 수 있지만, 그중 하나만 고르라고? 아, 어렵다. 그래도 딱 하나만 골라야 한다면 이 노래를 골라야 할 것 같다.

어떤 노래도 사연 있는 노래를 이기진 못한다. 사연은 2019년으로 거슬러 올라간다. 우연히 JTBC 오디션 프로그램 〈슈퍼밴드〉의 예고편을 봤다. 오디션 서바이벌 포맷에 질릴 대로 질린 나였지만, 〈슈퍼밴드〉에는 다른 서바이벌 오디션과는 다른 뭔가가 있었다.
일단 악기 연주자도 참가할 수 있다는 점이 끌렸다. 밴드 음악과는 상극일 것 같은 현악기, 관악기가 락 음악과 어우러지는 모습을 보는 건 슈퍼밴드만의 꿀잼 포인트였다. 그동안 수면 위로 드러나지 않았던 무림 고수들이 재야에서 갈고 닦은 내공을 펼치면, 현재 천하를 호령하고 있는 무림의 초고수들이 그들을 양지로 끌어올린다는 컨셉도 마음에 들었다. 참가자들이 결성한 밴드의 프로듀싱을 도와줄 무림 초고수 라인업엔 무려 넬의 보컬 김종완과 린킨 파크의 DJ 조 한이 있었다. 이것만으로도 첫 방송을 본방 사수해야 할 이유로 충분했다.

설레는 마음으로 첫 번째 참가자의 무대를 봤다. 그리고 직감했다. 간만에 나를 TV 앞으로 데려갈 프로가 생겼구나. 첫 번째 참가자 하현상이 부른 노래는 Kodaline의 〈All I want〉였다. 이거 선곡 미스 아닌가? 이 노래 소화하기 쉽지 않을 텐데… 그러나 JTBC에겐 다 계획이 있었다. 노래의 첫 소절 'All I want is nothing more'에서 게임은 끝났다. 오디션 서바이벌은 짧은 시간 안에 강렬한 인상을 남겨야 하기에 기교파, 고음파 가수가 득세하기 마련인데 하현상은 감성 하나로 무대를 뒤집어놓았다. 일단 1픽[14] 저장.

다음 회차에서는 에드 시런의 〈Castle on the hill〉을 멋들어지게 소화하는 보컬에 마음을 빼앗겼다. 다이내믹한 편곡

---

14)   1등으로 찜해놓겠다는 뜻의 신조어

과 자유분방한 무대 매너가 인상적이었다. 음색도 노래와 찰떡이었다. 보컬의 이름은 아일. 2픽 저장.

하현상과 아일. 나의 최애[15] 보컬이었던 둘은 본선에서 같은 팀이 되었다. 베이스와 첼로를 멤버로 보강해 본선 3라운드를 펼쳤다. 서바이벌 프로그램에서 누군가를 응원해 본 적이 없던 나도 이들만큼은 마음 졸이며 응원했다. 좋은 밴드의 역사 뒤엔 좋은 서사가 있는 법. 밴드에게 '시련 극복 후 부활'만큼 좋은 서사는 없다. 본선 3라운드 탈락 위기의 순간에 서사의 흐름을 바꾸는 노래가 나왔다.

> In another lifetime
>
> I would never change my mind
>
> I would do it again
>
> Ooh, a thousand times
>
> 다른 생에서도 내 마음은 절대 변하지 않을 거야.
>
> 다시 널 사랑하겠지, 천 번은 더.
>
> - 아일&홍진호&김형우&하현상, 〈1000x〉 (원곡 Jarryd james)

이때가 단비의 생일 즈음이었다. 그날 밤 나는 옥탑방에 올

15) 가장 좋아한다는 뜻의 신조어

라가 단비에게 편지를 썼다. 다음은 그때 쓴 편지 전문이다.

***

2014년 7월 9일을 기억한다. 태풍 너구리가 귀여운 이름과 달리 메가톤급 폭풍을 몰고 우리나라로 북상하던 날, 2014월 드컵에서 브라질이 홈에서 결승에 오르는 역사적 현장을 보겠다며 뜬눈으로 밤을 지새운 날, 예상과 달리 브라질이 독일에 1:7로 참패하는 바람에 잠도 달아났던 날, 그 여파로 생애 처음이자 마지막으로 학교에 지각한 날.

큰 피해를 입힐 거라던 예상과 달리 태풍 너구리는 세상에 단비를 뿌렸고, 내 딸 단비도 나에게 왔다. 단비와 엄마를 연결했던 탯줄을 자르며 영원히 끊어지지 않을 영혼의 탯줄을 연결했던 날, 나는 세상에서 가장 행복한 사람이 됐고, 지금도 그러하다. 그때까지 내가 가졌던 모든 바람은 사치가 됐고, 난 더 바랄 게 없는 사람이 됐다. 단비의 아빠라는 이유 하나만으로.

단비를 사랑한다는 건, 나 자신을, 내가 단비를 낳기 이전에 했던 모든 선택을 사랑한다는 뜻이기도 하다. 훗날 단비라는 이름으로 불리게 될 수정체가 탄생할 때까지, 그전에 내가 했던 수많은 선택 중 단 하나만 바뀌었어도 단비를 만날 수 없었을 테니까. 다른 사람을 사랑하면 나도 사랑하게 된다니. 이 기적과 같은 일을 가능케 해 준 한 사람에게 편지를 쓴다.

단비야, 아빠는 지금 〈1000x〉라는 노래를 들으며 글을 쓰고 있어. Jarryd james가 불렀고, JTBC 오디션 프로그램 〈슈퍼밴드〉의 참가자인 '아일&홍진호&김형우&하현상'팀이 리메이크한 곡이야. 단비도 지금 노래를 들을 수 있다면 이 노래를 들으면서 글을 읽어보렴. TV에서 우연히 들은 노래인데, 가사가 어찌나 마음을 울리던지 노래가 끝나기도 전에 눈물이 또르르 떨어졌어. 눈물을 흘리고 난 후 세상이 깨끗해진 기분이 참 좋았단다. 단비도 아빠를 닮아 눈물이 많다면 이게 무슨 말인지 이해하게 될 날이 올 거야. 시원하게 울고 나면 세상이 환해지고 흑백처럼 보이던 세상이 고화질 LED 컬러 TV로 바뀌는 그런 기분. 다만 노래에서 마음에 안 드는 가사가 있었는데…

'다음 세상에서도 다시 당신을 사랑할 거예요. 천 번이라도 더'. 이 가사였어. 우선 아빠는 다음 세상을 믿지 않아. 다음 세상이 있을지 어떻게 알아? 아빠는 이번 생에 주어진 기회를 놓치지 않으려 해. 가능한 한 아빠가 단비에게 줄 수 있는 모든 사랑을 주고 갈게. 또, 마음에 걸리는 건 숫자야. 1000x(1000 times). 아니, 천 번이 뭐야? 아빠는 수만 번, 수

억 번도 더 단비를 사랑할 거야.

 혹시 밤이라면 밤하늘의 별을 올려다봐. 아빠도 밤하늘의 별을 보며 글을 쓰고 있거든. 단비가 지금 바라보는 별빛 중엔 이미 세상에 없는 별이 보낸 별빛도 있어. 별이 폭발하면서 별빛만 남기고 사라진 거지. 아빠는 단비한테 그런 별이고 싶어. 살아있는 동안 온 힘을 다해 단비를 비추고, 생의 마지막엔 남은 힘을 쥐어짜서 마지막 빛을 보내고 사라지는 별. 그러니 언젠가 아빠가 하늘나라로 떠난 후엔 가끔 밤하늘을 올려다보렴. 유난히 반짝이는 별이 보일 거야. '저게 아빠가 보낸 별빛이구나. 아빠가 마지막에 저 별빛을 남기고 사라졌구나' 생각하면 돼.

 단비야, 살다 보면 느끼겠지만 산다는 건 쉽지 않단다. 나이가 들수록 행복은 멀고, 불안과 고통은 쉽게 찾아오지. 그렇게 살다가 끝에 기다리는 건 죽음이고. 사람은 왜 사는 걸까 싶지. 그럼에도 불구하고 살아가는 건 삶과 죽음 사이의 틈새마다 '삶은 아름답다'라고 느끼게 해 주는 뭔가가 있기 때문 아닐까? 단비는 아빠에게 그런 존재란다. 아빠가 힘들 때마다 '그럼에도 불구하고'가 되어주는 존재. 아무리 힘들어도 단비, 단 두 글자로 감정의 바탕색을 바꿔버리는 만능 치트키.

 밤하늘에 별이 아른거린다. 저 수많은 별을 바라보고 있자니 문득 궁금해졌다. 어쩌다 지구라는 별의 수많은 생명체 중 사람으로 태어나는 행운을 누리게 되었을까? 내가 세상에 태어난 이유는 뭘까? 나를 나로 만난 이유는 도대체 뭘까? 편지를 쓰다가 답을 찾았어. 아빠의 결혼식 입장곡 제목에 답이 있었어.

⟨I was born to love you⟩. 여기 'you'에 들어갈 수 있는 단 세 사람. 그중 한 명이 바로 너야. 그래, 아빠는 단비를 사랑하기 위해 세상에 태어났어. 지구 최초의 생명체 LUCA로부터 지금에 이르기까지 오직 널 만나기 위해 38억 년을 달려왔단다. 사랑해, 내 딸.

Track 4.

제철 노래

♪ <봄> - 이소라

　제철 과일은 제철에 먹어야 맛있듯, 제철에 들어야 하는 노래가 있다. 이소라의 〈봄〉이 그렇다. 다만 이 노래는 제목에 함정이 있다. 봄보다 겨울에 들어야 더 좋기 때문이다.

　언제부턴가 겨울의 초입에 이 노래를 듣는 게 연례행사가 됐다. 붕어빵 없이 보내는 겨울은 상상할 수 있어도 이 노래 없는 겨울은 상상이 안 된다. 다시 말해, 나에게 겨울은 이소라의 〈봄〉이다. 그렇다고 꼭 겨울에만 들어야 하는 노래는 아니다. 지금처럼 밖은 불처럼 뜨겁지만 마음은 얼음처럼 차가울 때, 늦가을 떨어지는 낙엽에 마음이 심란해질 때, 간만에 내린 봄비에 마음이 촉촉해질 때. 언제 들어도 좋다. 이런 음악이 좋은 음악이다. 언제 들어도 좋은 음악. 들을 때마다 다른 감상을 불러오는 음악.

　〈봄〉은 이소라의 6집 〈눈썹달〉 앨범을 통째로 들어야 감정의 결을 오롯이 느낄 수 있다. 이 앨범은 왠지 밤바다와 잘 어울려서 나는 이 앨범을 주로 법환 해안도로를 걸으면서 들었다. 1번 트랙 〈Tears〉를 들으며 집에서 출발하면 10번 트랙 〈봄〉이 시작될 즈음엔 법환 포구가 눈에 걸렸다.

> 그대와 나 사이 눈물로 흐르는 강
> 그대는 아득하게 멀게만 보입니다.
>
> - 이소라, 〈봄〉

이 가사가 나올 때쯤 보이는 법환 앞바다는 '그대와 나 사이 눈물로 흐르는 강'이 되었다. 이내 몸 안엔 뜨거운 뭔가가 퍼지곤 했는데, 아마도 그것은 그리움으로 데워진 피였을 것이다. 그 뜨거운 피가 온몸을 순환하다 눈물샘 근처에 닿으면 얼어있던 눈물샘을 녹였다. 더 이상 눈시울이 녹아내린 눈물의 무게를 감당하지 못할 때, 그것은 흘러내렸다. 이 눈물이 슬픔보다는 감사의 눈물에 가까웠다는 것이 다행이라면 다행이었다.

주말에만 가족을 만날 수 있던 시기였다. 노래를 듣다 보면 그리운 사람을 보고 싶어도 볼 수 없는 사람들이 떠올랐다. 그럴 때면 눈물의 8할은 슬픔의 몫으로 돌아갔다. 그리워하는 사람을 볼 수 있다는 건 얼마나 큰 축복인가. 기다려도 그리워하는 사람을 볼 수 없다는 건 얼마나 깊은 슬픔인가.

 아, 글의 마무리를 해야 하는데 마무리가 안 된다. 이렇게 글이 안 써지는 건, 지금은 그렇게 그리워하던 가족과 함께 살고 있어서일까? 아무래도 이 글은 쟁여놓았다가 그리운 사람이 생겼을 때 매듭지어야 할 것 같다.

Track 5.

인생 최대의 업적

♬ \<Make you feel my love\> - Adele

첫째 딸 단비는 가끔 뜬금없는 질문을 한다. 뜬금없지만 의미 없는 질문은 아니라서 단비의 질문은 늘 나를 깊은 생각에 빠뜨린다.

"아빠는 인생 최대의 업적이 뭐예요?"

"업적? 아빠가 아직 업적을 남길 만한 삶을 살지 못해서."

"그렇게 대단한 업적이 아니어도 돼요. 그냥 태어나서 제일 잘했다고 생각하는 거."

이렇게 말하면서도 뭔가 대단한 대답을 기대하는 눈치다.

"아빠의 가장 큰 업적은… 단비와 다온이에게 세상을 살 기회를 준 거?"

단비가 씨익 웃었다.

"진짜 그게 아빠의 가장 큰 업적이에요?"

"당연하지."

내가 생각하는 인생 최대의 업적이 또 있다. 겉으로 보면 평탄하지만 실은 그렇지 못한 인생을 살았다. 인생을 4쿼터로 나눈다면 1쿼터에 모든 고통이 몰빵된 삶이었다. 어느 만큼의 고통이었는지는 설명해도 의미가 없다. 내가 아니면 누구도 이해할 수 없는 고통이었으니까. 다만 내가 그때 느꼈던 고통을 집약한 표현이 하나 있다.

60억분의 1. 60억 분의 1은 내가 지옥 같은 고통에서 해방된 후 썼던 글의 제목이다. (당시 세계 인구가 대략 60억 명이었다) 나는 그때 내가 60억분의 1, 그러니까 세상 사람 모두를 통틀어 가장 불행한 사람이라고 생각했다. 전혀 근거 없는 생각은 아니었다. 그때 나의 유일한 소망은 '내가 앓고 있는 이 병에도 이름이 있었으면'이었다. 우울증, 외상 후 스트레스 장애, 해리성 장애, 공황 장애… 이렇게 이름이라도 있었으면 좋겠다고.

막상 내가 앓고 있는 병에도 이름이 있다는 걸 알게 된 날, 나는 펑펑 울었다. 이 병으로 고통받고 있을 다른 누군가가 불쌍해서. 당신의 삶도 참 지옥 같겠군요. 사람 마음이 참 간사하다. 처음엔 60억 명 중 나만 이 병을 앓고 있다면 나 혼자 억울할 것 같아서 '이 병을 앓는 사람이 또 있었으면' 하는 마음이었는데, 막상 이 병을 앓는 사람이 있다는 걸 알게 되니 그 사람이 너무 불쌍하게 느껴졌다. 간간이 그들 중 누군가가 스스로 세상을 떠났다는 소식이 들려왔다. 워낙 희귀한 병이라 이런 소식은 의사의 상담사례집 같은 곳에서나 볼 수 있었다. 차마 그에게 왜 그런 선택을 했냐고 말할 수 없었다. 얼마나 지옥 같은 고통인지 누구보다 잘 알기 때문에.

나는 지금도 그때 내가 겪은 가혹한 운명이 왜 수많은 사람 중 나를 찾아왔는지, 왜 하필 어리고 여렸던 그때 찾아왔는지 내 운명에게 자주 묻는다. 운명은 니체의 말을 빌려 나직이 대답할 뿐이다. 널 죽이지 못한 고통은 널 강하게 만들 뿐이야. 일단 살아남아.

아이러니하게도 지옥을 버텨준 그때의 나 덕분에 지금은 매일을 천국에서 보낸다. 이것은 날 지옥의 늪에서 건져준 사람의 말과도 일치했다. 그는 말했다. 누구도 겪어보지 못한 시련을 너무 이른 나이에 겪었다고. 앞으로 어떤 일이 닥쳐도 지금을 떠올리며 이겨낼 수 있을 거라고. 그의 말이 맞았다.

세상에서 가장 불행한 사람에서 세상에서 가장 행복한 사람으로. 이것이 나의 첫 번째 업적이다. 세상에서 가장 불행한 사람과 세상에서 가장 행복한 사람. 그 간극은 너무 멀어서 나는 질문할 수밖에 없다. 도대체 그사이에 무슨 일이 있었던 걸까?

어린 시절, 나는 열등감 덩어리였다. 비교 대상은 아버지였다. 아버지는 천부적인 운동 신경을 타고나셨다. 운동 신경을 어느 만큼 타고나셨냐면, 제주도에 처음 체력 검사가 생겼을 때 제주도 전체를 통틀어 특급이 2명 나왔는데, 그중 한 명이 아버지라고 전해 들었다.

운동은 타고나야 한다는 걸 나는 아버지를 보며 깨달았다. 고등학교 3학년 때, 해군사관학교 체력 검사를 준비한 적 있다. 체력 검사 종목 중에 제자리멀리뛰기가 있었다. 아버지는 나를 초등학교 운동장으로 데려가시더니 직접 제자리멀리뛰기 시범을 보여주셨다. 아버지는 마이클 조던처럼 붕ㅡ 떠서 날아가더니 칼 루이스처럼 가볍게 착지했다. 그때 내 나이 열아홉이었으니 아버지 나이 마흔여섯이었다. 내 기억에 얼추 2미터 70센티미터 정도는 뛰셨던 것 같다. 확실히 기억나는 건 당시 아버지의 기록이 우리 반 최고 기록보다 더 좋았다는 것이다. 그때 아버지 나이가 마흔여섯이었는데. 참고로 아버지의 제자리멀리뛰기 최고 기록은 3미터 7센티미터라고 한다. 운동화도, 훈련 방법도 뭐 하나 체계화된 게 없던 그 시절에 3미터 7센티미터를 뛰었다니. 넘사벽[16] 인정.

다음 종목은 오래달리기였다. 고근산 입구에서 출발해 정

---

[16] 넘을 수 없는 사차원의 벽이라는 뜻으로, 최고를 뜻하는 신조어

상을 찍고 제자리로 돌아오는 기록을 측정했다. 아버지는 나보다 7분 늦게 출발했다. 설마 이걸 지겠어? 다른 건 몰라도 오래달리기는 자신 있었다. 정상을 찍고 내리막길로 신나게 내려올 때, 그제야 아버지가 정상을 향해 달려가는 게 보였다. 이건 무조건 이겼다! 저 멀리 목적지가 보였다. 뒤를 돌아보니 아버지가 보이지 않았다. 남은 거리는 300여 미터. 그때, 뒤로 인기척이 느껴졌다. 뒤를 돌아보니 아버지가 달려오고 있었다. 점점 빨라지는 속도로. 지기 싫어서 있는 힘을 쥐어짜 달렸다. 아버지의 거친 호흡 소리가 점점 가까워졌다. 결국 1미터 차이로 역전당했다.

한 번은 아버지께서 체육 대회 릴레이 계주 1번 주자로 참가한 장면을 지켜본 적 있다. 아버지는 '탕' 소리와 함께 타다닥 튀어 나가시더니 혼자 2배속으로 달리셨다. 아버지는 그런 사람이었다. 어떤 운동이든 몇 달만 하면 그 운동을 몇 년 한 사람을 이겨버리는 사기캐[17]. 그 시절의 라떼는 말이야[18] 시리즈는 아버지가 직접 얘기 안 해도 주위에서 말해줬다. 너희 아빠가 얼마나 운동을 잘했는지.

17) 사기 캐릭터의 줄임말
18) 나 때는 말이야, 하며 과거를 회상하는 사람들을 농담조로 일컫는 말

나는 운동에 재능이 없었다. 태어날 때 무거운 몸(4.2kg)으로 태어나서 그런지 몸이 둔했다. 아버지는 날 보며 운동신경 없는 몸이 아니라고, 발목만 봐도 알 수 있다고 말씀하셨지만, 이미 자존감이 낮아질 대로 낮아진 나는 매사에 자신감이 없었다. 나중에는 움직이는 것조차 싫어졌다. 중고등학교 때 체육 선생님은 공 하나 던져주고 알아서 놀라 하는 '기승 전 자유시간' 수업 방식의 창시자셨는데, 나는 그때마다 학교 옆 감귤밭으로 도망갔다. 움직이는 것 자체를 싫어하니 당연히 살은 찌고 점점 운동 기능은 떨어졌다.

체력 검사는 가장 큰 스트레스였다. 학교에서 100미터 달리기 기록을 재고 집으로 돌아온 날, 베개는 눈물로 젖었다. 운동뿐만이 아니었다. 내가 보는 아버지는 모든 게 완벽했다. 그에 비해 난 너무 초라했다. 큰 나무 밑에서 자라는 나무는 햇빛을 받지 못하기 때문에 크게 자라지 못한다. 내가 딱 그런 신세였다. 그때의 나로 돌아간다면 '넌 운동엔 재능이 없지만 다른 건 잘하는 게 있을 거야. 그걸 찾아봐'라고 말해주겠지만, 나에겐 그런 사람이 없었다. 나는 한없이 작아져 갔다. 안타깝게도 아버지에겐 모든 걸 다 가진 사람 특유의 화법이 있었다.

'이런 건 잘할 만도 한데' 식으로 툭 던지는 한마디는 가뜩이나 열등감에 쪼그라들 대로 쪼그라든 나에게 비수가 되어

꽂혔다. 그나마 들었던 칭찬은 '다른 건 몰라도 한빛이는 참 착해' 따위의 칭찬 아닌 칭찬이었다. 열등감이 심했던 나는 하필 '다른 건 몰라도'에 꽂혔다. 그렇게 나는 도대체 잘하는 게 하나도 없는 열폭[19] 덩어리가 되어갔다.

지옥에서 벗어난 후 내게 일어난 일의 원인을 알고 싶어 뇌과학, 심리학, 유전학, 신경학 등 닥치는 대로 책을 읽었다. 그렇게 읽은 책이 족히 수백 권은 넘었다. 유독 기억에 남는 문장이 있다. '유전이 총알을 장전하고, 환경이 방아쇠를 당긴다.' 뇌의 결함이 총알을 장전했다면, 낮아진 자존감이 방아쇠를 당겼음을 깨달은 건 최근이다. 이젠 이 모든 게 거부할 수 없는 운명이었음을 안다. 결국 한 번은 터졌을 일이 하필 어린 시절에 터졌다는 게 안타까울 뿐.

초등학교 5학년 어느 날, 부모님을 기다리던 어두운 방 안 침대 위에서 지옥이 시작됐다. 누가 버튼을 누르기라도 한 것처럼, 갑자기. 어? 내가 왜 이러지? 갑자기 이게 뭐야?

내 인생에서 그 5년을 제외한 기간 동안 겪은 모든 고통을 다 합쳐도 그때 느꼈던 고통의 만 분의 1도 안 될 거라 확신하는, 지옥의 터널 구간이 그렇게 시작되었다. 나는 서서히 죽

[19] 열등감 폭발의 줄임말, 열등감 집합체라는 의미의 신조어

음을 향해 걸어가고 있었다. 문제는 내게 닥친 문제를 알아채는 사람이 아무도 없다는 것이었다. 부모님은 맞벌이 부부였다. 두 분 다 밤늦게 들어오는 경우가 잦았다. 살가운 집도 아니었다. 어느 날, 아내가 나에게 이런 질문을 한 적 있다.

"방금 현관문 닫히는 소리 들렸잖아요? 집에 가족이 들어왔는데 오빠네 가족은 왜 서로 인사를 안 해요?"

나는 다른 가족도 다 그런 줄 알았다. 돌이켜보면 2대의 TV가 패착이었다. 안방과 거실에 각각 TV가 있었다. 어릴 때부터 각자 TV만 봤기 때문에 가족 간에 대화랄 게 거의 없었다. 그 모습을 재현하기 싫어서 나는 결혼하고 TV를 사지 않았다. 지금도 우리 집엔 TV가 없다.

나이 마흔이 넘어 소름 끼치는 사실을 발견했다. 그동안 살면서 사랑한다는 말을 한 번도 못 들어보고 컸구나. 그렇게 힘들었을 때도 날 안아주는 사람이 한 명도 없었구나. 단 한 명도. 보통 어릴 땐 부모님 중 한 명이라도 살갑게 대해주지 않나? 한마디로 애정 표현이 없는 집에서 나는 자랐다.

돌이켜보면 부모님도 노력을 안 하신 건 아니었다. 아버지는 내가 깊은 잠에 빠졌을 때만 술기운을 빌려 애정을 표현하셨다. 굳이 자는 날 깨워 내 볼에 당신의 볼을 비비며 했던 얘기 또 하고, 했던 얘기 또 하고를 반복했다. 맨정신으로는 애정 표현을 할 수 없으니 술기운을 빌려 표현했던 건데, 사연을 알 리 없는 나는 그게 또 그렇게 싫었다. 지금 기억나는 건 수염의 까끌까끌한 느낌과 술 냄새, 자고 싶다는 마음뿐이다.

표현할 줄 모르는 아버지와 사랑받고 싶지만 사랑을 느끼지 못하는 아들을 상징하는 웃픈[20] 장면이 아닐 수 없다. 부모가 되고 보니 어머니도 이해가 간다. 내가 갓난아이였을 때 어머니 혼자 갓난아이 둘을 도맡아 키우려니 얼마나 힘들었을까? 그런 환경이라면 나라도 자녀에게 애정을 주진 못했을 것 같다. 결국 나는 나이 마흔이 넘어서야 얼음장보다 차가운 결론을 내릴 수밖에 없었다.

표현하지 않는 사랑은 사랑이 아니다.

나이를 먹을 만큼 먹고 보니 이제야 보이는 것들이 있다. 내 성장 과정을 돌아보듯 부모님의 성장 과정도 추측해 보게 된다. 부모님이 나에게 사랑을 표현하지 못한 건 어찌 보면 당연한 일이다. 애정 표현도 받아본 사람이 하는 것이다. 받아봐야 어떻게 주는지 아는 것이다. 부모님도 나처럼 애정 표현이 없는 환경에서 컸기 때문에 사랑을 표현하는 방법을 몰랐던 것 아닐까? 어쩌면 부모님도 나름의 최선을 다한 것

20) 웃기지만 슬픈이라는 뜻의 신조어

아닐까?

 이젠 더 이상 그때 날 한번 안아주는 게 그리 어려웠냐고 묻지 않는다. 사랑한다는 말, 한 번은 해줄 수 있지 않았냐고 탓하지 않는다. 다만 나는 내 상처와 결핍을 대물림하고 싶지 않다. 내 아이만큼은 애정 표현 가득한 집에서 자라서 다른 사람에게 사랑을 나눠주는 사람이 되길 바란다. 나에게 일어난 일의 원인을 알고 이를 대물림하지 않는 방법을 찾기 위해 읽은 수백 권의 책. 이를 통해 알게 된 뇌의 신경가소성, 후성유전학, DNA 메틸화, 유전자 발현 등의 개념은 나에게 이어져 온 절망의 고리(여러 세대에 걸친 대물림, transgenerational inheritance)를 나의 대(代)에서 끊을 수 있다는 희망을 줬다. 누군가 끊어야 한다면 내가 끊어야 한다! 내 아이에게 고통을 대물림하지 않으려면.

 안다는 건 변화의 출발점이다. 지금은 하루에 한 번씩 아이들을 꼬옥 안아준다. 안아주고 눈 한 번 마주치고 귓가에 대고 속삭인다. "사랑해." 이 모든 건 내가 느낀 결핍을 대물림하지 않기 위한 처절한 몸부림이다. 이젠 귀에 입을 갖다 대려고만 해도 아이들이 먼저 말한다. "사랑해." 아이들은 '또?' 하는 표정이지만, 이때마다 단비와 다온이의 얼굴에 옅은 미소가 번지는 걸 알아챈다. 지금은 몰라도 언젠가는 아빠의 노력을 알게 될 날이 올 것이다. 그땐 단비와 다온이에게 자랑스럽게 말할 수 있을 것 같다.

"단비가 초등학교 4학년 때 했던 질문 기억나? 아빠 인생 최대의 업적이 뭐냐고 물어봤던 거. 이젠 자신 있게 말할 수 있을 것 같아. 단비, 다온이가 이런 게 사랑이구나 느끼면서 클 수 있도록 아빠는 최선을 다했어. 있는 걸 부풀리는 건 쉬워도 없는 걸 만들어내는 건 결코 쉽지 않단다. 아빠가 지금도 애정 표현에 서툴지만 이 세상에 단 두 사람. 단비, 다온이한테는 아빠가 가진 모든 사랑, 있는 사랑 없는 사랑 다 쥐어짜서 표현했다는 거 이젠 알지? 아빠 인생 최대의 업적이 뭐냐는 질문에도 이젠 자신 있게 대답할 수 있을 것 같아.

사랑이 뭔지 모르고 컸지만, 아빠는 단비와 다온이에게 아빠의 어둠을 물려주지 않기 위해 최선을 다했어. 단비와 다온이에게 사랑이라는 이름의 위대한 유산을 물려주기 위해 아빠는 할 수 있는 모든 걸 다했단다. 그게 아빠 인생 최대의 업적이야."

얼마 전, 단비의 일기장에서 이런 구절을 봤다.
"이렇게 행복하고 사랑 가득한 가족의 일원으로 태어나게 해 주신 부모님께 다시 한번 감사드린다."
내 인생 최대의 업적을 이미 달성한 기분이었다.

The storms are raging on the rolling sea

And on the highway of regret

Though winds of change are throwing wild and free

You ain't seen nothing Like me yet

험한 파도 위로 폭풍이 몰아치고 후회가 몰려들 때,

예측할 수 없는 변화의 바람이 들이닥칠 때,

당신은 아직 나와 같은 사람을 보지 못했을 거예요.

I could make you happy, make your dreams come true

Nothing that I wouldn't do

Go to the ends of the Earth for you

To make you feel my love

나는 당신을 행복하게 해 주고 꿈을 이뤄줄 수 있어요.

내가 하지 못할 일은 없어요.

당신을 위해서라면 지구 끝까지 갈 수 있어요.

당신이 나의 사랑을 느낄 수 있다면

- Adele, 《Make you feel my love》 (원곡 Bob dylon)

Track 6.

내 인생의 OST

♬ <독백> - 산울림

 누가 말했더라? 어린이의 삶이 생을 배우는 여정이라면 어른의 삶은 죽음을 배우는 여정이라고. 생의 절반쯤 왔음을 깨달은 다음부터 죽음을 떠올리는 일이 많아졌다. 이제 겨우 40년 남짓 살았는데 지금껏 산 만큼만 더 살면 세상을 떠나야 한다니, 인생 참 짧기도 해라. 사실 이조차도 남은 삶을 기대 수명으로 살았을 때의 얘기다. 각종 사건 사고로 죽음의 비릿한 냄새를 자주 맡았던 나는 며칠 후에 있을 작은 수술에도 설마 하는 걱정을 하게 된다.

 죽음이 두렵진 않다. 내게 죽음은 영원히 자는 잠일 뿐이다. 꿈 없는 잠, 고통 없는 잠, 깨지 않는 잠. 죽을 때 후회하지 않는 삶, 지금 죽어도 여한 없는 삶을 살기 위해 최선을 다해왔기에 지금 당장 죽음의 신이 찾아온다 해도 엉덩이 툭툭 털고 일어날 자신이 있다. 다만 마음에 걸리는 게 있다.

나는 헤어짐이 두렵다.

매일 아침 두 딸이 두 손 꼬옥 잡고 등교하는 모습을 볼 때마다 나는 약속을 지킬 자신이 없어진다. 죽는 순간에 웃으며 세상을 떠나겠다는 나와의 약속을. 이 아이들과 헤어지는 상상을 하는 것만으로도 나는 〈독백〉의 마지막 가사처럼, 금방 울어버릴 것 같은 얼굴이 된다.

내 인생의 OST 목록을 선정한다면 당당히 1번 트랙을 차지할 노래 〈독백〉. 노래방에서 부르면 분위기 다운시키기 딱 좋은 노래라 다른 사람 앞에서 즐겨 부르진 않지만, 노래 가사처럼 헤어짐을 상상하는 것만으로도 서러워지는 사람이 있다면 목청껏 불러주고 싶다. 마지막 두 줄을 부를 땐 눈물을 참아야 할 것이다.

> 나 혼자 눈 감는 건 두렵지 않으나 헤어짐이 헤어짐이 서러워.
> 쓸쓸한 비라도 내리게 되면 금방 울어버리겠네.
>
> - 산울림, 〈독백〉

Track 7.

눈물을 위한 변명

♬ <거짓말 거짓말 거짓말> - 이적

 패배를 좋아하는 사람은 없다. 단, 패배를 대하는 자세는 사람마다 다른데, 나는 남한테 지는 건 웃어넘길 수 있어도 나한테 지는 건 용납 못 하는 사람이다. 그런 나도 나 자신과의 싸움에서 한 번도 이겨보지 못한 상대가 있으니, 그 녀석의 이름은 눈물이다. 난 눈물을 이겨본 적이 없다.

 눈물에도 등급이 있다. 가장 참기 힘든 눈물은 다른 사람의 슬픔 위에 포개어져 흐르는 눈물이다. 이건 도저히 참을 수 없다. 가령, 누군가 억울하거나 슬픈 상황에 놓여 있는데 그 사람의 마음이 어떤 마음인지 알 것 같을 때, 눈물은 이미 턱 밑에 가 있다. 남자는 태어나 세 번만 울어야 한다는 소리를 지겹게 들으며 자란 나는 눈물 때문에 난감할 때가 많다. 눈물이 많아도 너무 많기 때문이다. 상황과 장소를 가리지 않고 눈물이 흘러내리는 통에 눈물을 참아야 할 때마다 애먼

허벅지를 꼬집어보지만, 고장 난 눈물샘은 A/S조차 거부된 지 오래고, 결과는 백전백패다.

어려서부터 그랬다고, 눈물이 많은 건 감수성이 풍부해서 그런 거라고 위로해 봐도 대한민국에서 눈물 많은 남자는 마이너스다. 눈물 많은 사람이 많아져야 세상이 따뜻해진다는 내 신념과는 달리, 따뜻한 가슴보다는 차가운 이성이 대접받는 세상이다. 나 또한 시류에 발맞춰 딸 앞에서는 절대 울지 않으리라 다짐했던 적이 있다. 결과는? 백전백패. 오히려 눈물이 더 헤퍼진다.

첫 번째 눈물.
주말에만 가족을 볼 수 있던 시절이었다. 역 앞에서 두 딸을 안아주고 다섯 밤만 더 자면 다시 올 거라고 말했다. 두 아이와 작별의 포옹을 하려는데, 첫째 딸 단비가 두 눈을 깜빡이고 있었다. 조금 전까지만 해도 환하게 웃으며 아빠 잘 갔다 오라던 아이가, 우는 모습을 보여주기 싫어서 두 눈을 깜빡이며 눈물을 참는데 울지 않을 아빠가 있을까? 단비 엄마가 말했다.

"단비야, 울어도 돼. 슬프면 그냥 울어."

단비가 펑펑 울기 시작했다. 그 자리에 다른 어른도 있어서 눈물을 꾹 참고 있었는데, 둘째 딸 다온이의 얼굴을 봤더니 '다들 왜 이래? 아빠 어디 갈 거 아니잖아?'하는 눈으로 날 바라보고 있었다. 그새 세상의 절반이 수면 아래로 잠겼다. 눈물의 수위가 내려가기까지 한참이 걸렸다.

두 번째 눈물.

공항 근처에 오니 단비와 다온이가 낌새를 차렸다. 공항에서 헤어짐을 반복하다 보니 큰길을 가다가 오른쪽으로 빠지면 공항이 나온다는 사실을 아는 것이다. 단비는 내게 다가오더니 귀를 빌려달라고 했다. 그러고는 한다는 말이.

"아빠, 꼭 다시 와야 해."

순간, 아이의 본능적인 분리 불안 위에, 곁에 있어 주지 못하는 미안함이 이불을 덮고 누웠다. 울컥했지만 꾹 참았다. 이번엔 웃으면서 헤어지겠다고 말한 약속을 지키기 위해. 좀만 더 참으면 울지 않고 헤어질 수도 있을 것 같았다.

그때, 이름도 얼굴도 모르는 한 아이의 얼굴이 내 마음을 훑고 지나갔다. "아빠, 꼭 와야 해."라고 말하며 헤어졌지만 다시는 부모를 만나지 못한 아이. 그 아이의 마음에는 무엇이 새겨지게 될까? 이런 아이를 떠올리며 만들어진 노래가 있다.

> 다시 돌아올 거라고 했잖아.
> 잠깐이면 될 거라고 했잖아.
> 여기 서 있으라 말했었잖아.
> 거짓말 거짓말 거짓말
> …
> 그대만을 하염없이 기다렸는데,
> 그대 말을 철석같이 믿었었는데,
> 찬바람에 길은 얼어붙고,
> 나도 새하얗게 얼어버렸네.
>
> — 이적, 〈거짓말 거짓말 거짓말〉

세 번째 눈물.

이번엔 공항까지 동행하는 다른 가족도 있고 해서 절대 울지 않으리라 다짐하고 또 다짐했다. 공항이 가까워져 오자 단비와 다온이의 얼굴에 그늘이 드리우는 걸 느꼈지만, 다음 주엔 더 신나는 곳에 놀러 가자며 애써 분위기를 환기시켰다. 마지막 인사를 하고 돌아서려는데 단비가 말했다.

"아빠, 보고 싶을 거야. 아빠가 보고 싶은 그런 날이 있어."

내가 또 졌다. 앞으로도 나는 눈물과의 싸움에서 판판이

깨질 것이다. 이젠 눈물 나면 참지 않고 실컷 울기로 했다. 눈물이야말로 진심의 표현이니까. 헤어짐이 서러워 우는 사람의 마음보다 진실한 마음을 나는 모른다.

다만 한 가지 바람이 있다. 언젠가 내 눈에 눈물이 맺혀 있을 때, 아빠는 남자고 어른인데 왜 자주 우냐는 질문을 받게 될 날이 올 것이다. 내가 마땅한 답을 찾지 못해 쩔쩔매고 있으면 곁에 있는 누군가가 '마음이 따뜻해서'라고 답해주면 덜 부끄러울 것 같다. 사실 부끄러울 일도 아니지만.

당신이 있었다면
더 좋았을 텐데

How I wish, how i wish you were here.
We're just two lost souls swimming in a fish bowl.
Year after year,
Running over the same old ground
What have we found?
The same old fears,
Wish you were here.

네가 여기 있다면 얼마나 좋을까.
우리는 그저 어항 속을 헤엄치던 길 잃은 두 영혼일 뿐.
해가 흘러도 늘 같은 곳을 내달리며
우리는 무엇을 찾았을까?
찾은 건 변함없는 두려움뿐.
네가 여기 있다면 얼마나 좋을까?

- Pink floyd, <Wish you were here>

Track 1.

그 불빛 꺼지지 않게

♬ <One more light> - Linkin park

나이테가 느껴지는 노래가 있다. 켜켜이 쌓인 감정의 겹을 토해내듯 부르는 노래. 그날 내가 들은 노래도 그랬다. 부모님 집에 들렀더니 떡국을 먹고 가라 했다. 떡국을 먹는데 어머니 핸드폰에서 노래가 흘러나왔다.

"누구 노래예요? 노래 참 잘 부르시네."

"황가람이 부른 〈나는 반딧불〉이야."

음악을 많이 듣다 보면 가수의 목소리만 듣고도 가수의 나이대를 추측할 수 있게 된다. 내가 노래만 듣고 추측한 가수 황가람의 모습은 이랬다. 인생에 굴곡이 많은 40대 중반의 포크 가수. 장르도 그렇고 목소리도 청춘의 톤은 아니었기에 나이가 최소 40대 중반은 되었을 거라 추측했다. 감정 표현이 예사롭지 않다는 점도 나이를 40대 중반 이상으로 추측하는 데 한몫했다. 노래 가사 한 줄 한 줄에서 지층처럼 켜켜이 쌓인 삶의 애환이 느껴졌다. 이만큼의 지층이 쌓이려면 적지 않은 세월이 필요할 터였다. 그게 아니라면 짧은 인생에 풍파가 잦았던가.

인터넷에서 검색해 본 그의 나이는 예상보다 적었다. 젊은 친구가 고생이 많았나 보네. 사연이 궁금해졌다. 때마침 〈유퀴즈〉에 나왔다고 하길래 유튜브에서 찾아봤다. 그는 인터뷰에서 자신이 걸어온 길을 덤덤히 말했다. 그 덤덤함 속에 담긴 사연이 결코 덤덤하지 않아서 무덤덤하게 볼 수 없었다. 아, 그래서 노래가 그렇게 슬프게 들렸던 거구나.

황가람은 데뷔 14년 차 가수다. 중학교 때까지 태권도 선수를 하다가 큰 부상을 당하는 바람에 태권도를 그만두고 노래를 시작했다. 뭘 어찌해야 가수가 될 수 있을지 몰라 무작정 상경했고, 뭐라도 해야 할 것 같아 홍대 버스킹을 시작했다. 버스킹 문화가 자리 잡은 시기가 아니었기에 '멀뚱멀뚱 서 있다가 눈 마주치는 사람 있으면 노래를 시작하는 방식'으로 버스킹을 했다. 딱히 수입원이 없으니 돈은 금세 떨어졌다. 돈을 아끼기 위해 홍대 놀이터에서 노숙했다. 노숙은 147일간 이어졌다. 건강에 문제가 생길 때까지.

죽을 수도 있겠다 생각했어요. 그냥 막 엄청 울었어요.
다 포기하고 돌아가고 싶은 마음도 들었는데,
대차게 보여주겠다고 왔는데
이제 돌아갈 면목이 없다(는 생각이 들었어요).

- <유퀴즈> 인터뷰 중

 어떤 마음인지 알 것 같다. 이제 바닥을 쳤다고 생각했는데 지하실이 기다리고 있는, 발버둥 칠수록 더 깊이 빨려 들어가는 늪에 빠져버린 것 같은 마음. 그래도 포기할 수는 없었다. 노래 연습을 위해 창고를 구했다. 마음 맞는 사람들과 창고 안에서 노래를 부르고 또 불렀다.
 드디어 그에게도 기회가 왔다. 〈사랑과 우정 사이〉로 유명한 그룹 피노키오의 보컬 오디션에서 300:1의 경쟁률을 뚫고 보컬로 뽑힌 것이다. 같이 연습하던 동료들도 진심으로 축하해 줬다. 아, 이젠 나도 풀리는구나. 그런데 그때, 터졌다. 코로나가. 그는 이때 이젠 진짜 그만둬야 하나 하는 생각을 많이 했다고 했다. 10대에서 20대, 20대에서 30대로 넘어갈 땐 그나마 괜찮았는데, 30대 후반에 이런 일이 터지니 온 세상이 하지 말라고 말하는 걸 나만 못 알아듣나 하는 생각이 들었다고. 나이 마흔에 오디션 프로그램에서 중식이 밴드를 만났다. 그 밴드의 리더인 중식이 형이 동료 출연자들에게 그들의 노래인 〈나는 반딧불〉 커버를 부탁했다. 가사가 자신이 처한 상황과 맞아떨어졌다.

> 나는 내가 빛나는 별인 줄 알았어요.
> 한 번도 의심한 적 없었죠.
> 몰랐어요. 난 내가 벌레라는 것을.
> 그래도 괜찮아, 난 눈부시니까.
>
> - 황가람, 〈나는 반딧불〉

가수의 삶이 가사를 닮을 때 노래엔 뭔가를 더 보탤 필요가 없어진다. 이 노래는 대한민국에서 청춘을 보낸 사람이라면 누구나 한 번쯤 느꼈을 법한, 씁쓸한 뒷맛이 유독 오래가는 좌절이라는 감정의 뿌리를 제대로 건드렸다. 풀릴 만도 한데 결코 내 뜻대로 풀리지 않는 삶, 세상의 중력이 나에게만 강하게 작용하는 것 같은 무력감, 너무 깊게 뿌리 박혀 앞으로 나아갈 수도, 뒤로 돌아갈 수도 없을 때의 절망감. 그때 나직이 따라 불러보는 '그래도 괜찮아, 난 빛날 테니까'라는 가사는 '그래도 괜찮아, 넌 빛날 테니까'라는 토닥임이 되어준다. 절망을 통과할 땐 이런 가사 한 줄이 빛이고 별이다. 물론 나는 안다. 황가람의 노래는 공전의 히트를 기록했고 그의 인생 여정은 해피엔딩으로 마무리되겠지만, 현실에서는 끝내 꽃 한 번 펴보지 못하고 사라지는 사람이 훨씬 많다는 것을.

인생은 의자 뺏기 게임과 같다. 시간이 갈수록 의자는 점점 줄어들고 다른 사람들이 의자를 하나둘 차지하는 걸 지켜보다 보면 내 자리는 남아있지 않다는 걸 발견하게 된다. 슬프게도 그 사실은 늘 뒤늦게 알게 된다.

> 잘 될 수도 있었지.
> 이번이 아니라도, 너에게도 차례가 있을 거라 했었던
>
> 좁아지는 길, 손에는 몇 장 남지 않은 카드
> 웃으며 일어나는 사람들
> 점점 줄어가는 의자
>
> - 브로콜리너마저, 〈가능성〉

의자 뺏기 게임 같은 대한민국의 무한 경쟁 체제. 게임이 끝나도록 의자를 차지하지 못한 사람들. 지금 이 순간에도 취직이 안 돼서, 장사가 안 돼서, 직장에서 해고당해서 등 다양한 이유로 시린 겨울을 보내고 있을 사람들에게 가장 필요한 건, 그저 작은 위로나 토닥임일지도 모른다. '빛나지 않아도 괜찮아. 내가 있잖아'라는.

많이도 필요 없다. 딱 한 명만 있으면 된다. 내가 뭘 하든 날 사랑해 줄 단 한 사람만 있으면 사람은 어떤 위기도 견뎌 낼 수 있다. 이는 하버드대 조지 베일런트 교수가 724명의 하버드대 재학생을 추적 조사해 발표한 〈하버드 성인 발달 연구〉의 결론이기도 하다. 결국 인간관계가 행복의 제1조건이라는 것. 조지 베일런트는 이 연구 결과를 요약해 행복 연구의 바이블로 불리는 『행복의 조건』을 썼다.

한 가지 희망적인 사실은 '내가 힘들 때 내 어깨를 토닥여 줄 누군가가 있다'를 '내가 누군가에게 그런 사람이 되어줄 수 있다'로 바꿀 수 있다는 것이다. 황가람의 〈나는 반딧불〉을 들으며 린킨 파크의 〈One more light〉 가사가 떠올랐던 건 아마도 이런 이유 때문일 것이다.

> Should've stayed, were there signs, I ignored?
> Can I help you, not to hurt, anymore?
> 더 있지 그랬어, 내가 알아차리지 못한 신호가 있었을까?
> 네가 더 이상 아프지 않게 도와줄 수 있을까?
> (…)
> Who cares if one more light goes out?
> In a sky of a million stars?
> It flickers, flickers

> 불빛 하나 꺼진다고 누가 아파할까?
> 수많은 별 중에서 그저 깜빡이는 하나의 별일뿐인데.
> (…)
> Who cares if one more light goes out?
> Well, I do.
> 불빛 하나 꺼진다고 누가 신경이나 쓰겠어?
> 난 너무 아파.
>
> – Linkin park, 〈One more light〉

마지막 가사 'Well, I do.'의 번역을 찾아보면 '난 너무 아파' 또는 '글쎄, 전 그래요' 등으로 번역되어 있다. 나는 이 노래를 들을 때마다 'Well, I do'가 '제가 그럴게요'로 들린다. '제가 끝까지 당신의 불빛이 꺼지지 않도록 지켜줄게요'라는 다짐으로.

우리는 모두 별이고 빛이다. 하지만 지금 이 순간에도 나보다 더 약한 빛을 깜빡거리며 꺼져가는 불빛들이 있다. "Who cares if one more light goes out? (불빛 하나 꺼진다고 누가 신경이나 쓰겠어?)"라는 물음에 조심스럽게 대답해본다. 나부터 그런 사람이 되어보겠다고.

> **덧붙임**

세상을 떠난 친구를 추모하며 <One more light>를 부른 체스터 베닝턴(Linkin park 보컬)은 이 노래 발매 직전, 절친 크리스 코넬(Soundgarden 보컬)을 잃고 만다. 사인은 자살이었다. 어린 시절 당한 학대, 약물 중독, 우울증 등 많은 심리적 문제를 겪고 있던 체스터 베닝턴은 결국 두 달 후 맞이한 크리스 코넬의 생일날, 친구 따라 긴 여행을 떠났다. 이후 이 노래는 체스터 베닝턴의 추모곡이 됐다.
내가 아는 모든 가수를 통틀어 가장 시원한 스크리밍을 내질렀던 체스터 베닝턴. 하늘에서는 생전의 그 시원한 스크리밍 마음껏 내지르시길.

Sang like an angel
Screamed like a demon
Lived as a man
Died as a legend

천사처럼 노래하고,
악마처럼 울부짖고,
사나이로 살아왔으며,
전설이 되어 눈 감다.

RIP.
체스터 베닝턴(1976-2017)

Track 2.

영장류 역사상 최고의 엔터테이너

♬ <Heal the world> - Michael Jackson

때는 1999년. 내 나이 낭랑 18세. 담임 선생님을 찾아가 조심스럽게 입을 뗐다.

"선생님, 긴히 드릴 말씀이 있습니다."

"뭔데?"

"오늘 집에 중요한 일이 있어서 그런데 야간 자율학습 빠져도 될까요?"

"중요한 일이 뭔데?"

"오늘 마이클 잭슨이 우리나라에서 공연을 합니다."

"마이클 잭슨이 공연하는 거랑 야간 자율학습이랑 무슨 상관이야? 어차피 공연 보지도 못할 텐데."

"TV에서 생방송으로 방송해 준대요. 마이클 잭슨이잖아요."

마이클 잭슨이 그렇게 일찍 세상을 떠날 줄 알았다면 어떻게든 티켓을 구해 공연에 다녀올 걸 그랬다. 안타깝게도 제주에 사는 가난한 고등학생에겐 그럴만한 배짱이 없었다. 그나마 다행인 건 마이클 잭슨의 내한 공연을 TV로 볼 수 있다는 사실이었다. 그것도 생방송으로. 서태지 솔로 컴백 공연을 녹화 영상으로 봤던 기억은 있지만 실시간 공연 영상을 생방송으로 송출하다니. 이건 우리나라 방송 역사상 전무후무한 일 아닐까. 마이클 잭슨 아니면 불가능한.

그때의 기억을 되살리고자 유튜브로 당시 공연 실황 녹화본을 봤다. 비디오테이프에 녹화해 수십 번 돌려봤던 장면 하나하나가 생생히 떠올랐다. 빨간 셔츠가 인상적이었던 〈Dangerous〉는 수백 번 봐서 안무를 외울 지경이다. 실제로 몇 번은 따라 추기도 했다. 꿈속에서.

공연을 본 소감은 두 글자로 요약할 수 있다. 말모(말해 뭐해). 두 문장으로 요약하라면 이렇게 요약하겠다. '마이클 잭슨이 마이클 잭슨 했다. 전 세계에서 마이클 잭슨만 할 수 있는 것을, 마이클 잭슨만 할 수 있는 방식으로 했다.' 여기에 한 문장을 더 붙여도 된다면 이렇게 쓰겠다. '고트(GOAT) is 고트(Greatest Of All Time)'

어린 시절, 신문에 실렸던 헤드라인을 기억한다. '영장류 역사상 최고의 엔터테이너'. 그 밑에는 마이클 잭슨의 사진이 실려있었다. 인류 역사상 최고도 아니고 영장류 역사상 최고라니! 얼마나 임팩트가 컸으면 지금도 헤드라인을 기억하고 있겠는가. 가뜩이나 호기심 많았던 소년의 머릿속에 마이클 잭슨이라는 다섯 글자가 새겨지는 순간이었다. 도대체 얼마나 대단한 사람이길래 제목을 이렇게 지었을까? 자연스레 호기심이 일었다.

당시는 덕질[21]이 물리적으로 어려운 시기였다. 지금이야 스마트폰만 있어도 덕질을 할 수 있는 시대지만, 당시는 아이폰은커녕 아이팟도 없던 시절이었다. 심지어 인터넷도 없었다. 그나마 시도해 볼 만한 방법은 이런 게 다였다.

1. 공테이프를 비디오테이프 플레이어에 미리 넣어놓고 TV 앞에 붙어 있다가 좋아하는 가수가 나오면 바로 녹화 버튼을 누른다.
2. 친구들을 수소문해 비디오테이프 녹화 자료를 구한다.

두 방법 모두 결정적 단점이 있었다. 첫 번째 방법은 운이 좋아야 했다. 언제 TV에 마이클 잭슨이 나올지 모르기 때문에 부모님께 먼저 부탁을 드렸다.

"TV 보시다가 마이클 잭슨 나오면 큰 소리로 불러주세요."

거실에서 "아들!" 소리가 들리면 바로 뛰쳐나가서 녹화 버

---

[21] 무언가에 정신없이 빠져드는 것을 일컫는 신조어

튼을 눌렀다. 이때 비디오테이프 플레이어 안에 공테이프가 들어있지 않거나 다른 테이프가 들어있으면 낭패였다. 결국 포기하고 선택하게 되는 방법이 두 번째 방법이었다. 이 또한 결정적 문제점을 갖고 있었다. 비디오테이프가 내 손에 들어올 때쯤엔 테이프가 다 늘어져 있다는 것. 내가 보고 있는 것이 화면인지 노이즈인지, 화질이 눈 뜨고 못 볼 지경이었다. 그럴 땐 비디오테이프를 꺼내 강력 접착제처럼 생긴 하얀 통 액체를 뿌리면 화질이 조금 개선되었다. 그 미미한 화질 보정(마음의 눈으로 봐야 보여요)에도 감사하던, 이런 사소한 기쁨 하나에도 감격하던 그때 그 시절. 아, 그립도다.

그즈음 PC통신이란 녀석이 등장해 덕질 생태계에 일대 혁신을 가져왔다. 보고 싶은 영상이 뜨면 일단 다운로드 버튼 눌러놓고 라면에 밥 말아 먹고 설거지까지 마치고 돌아와야 저화질 영상 하나를 얻을 수 있었던, 다리에 쥐 난 나무늘보보다 느린 녀석이었지만, 우물 찾는 목마른 사슴은 그저 감사할 따름이었다. PC통신에도 결정적 단점이 있었다. PC통신을 하는 동안 집안의 유선전화를 사용할 수 없다는 것. 이 때문에 전국 수많은 학생의 등에 엄마의 등짝 스매싱 자국이 새겨졌다는 슬픈 전설이 전해 내려온다.

그런 시절에 마이클 잭슨이 직접 한국에 강림해 준다 하시니 풀파워 귀싸대기를 감수하고 담임 선생님을 찾아갔던 바, 당시 가련한 고등학생의 소원을 들어주신 1999년 남주고등학교 2학년 3반 담임 선생님께 늦게나마 감사 인사를 전한다. 이제 입에 기름칠 좀 했으니 제대로 썰을 풀어볼까?

하지만 마이클 잭슨에 대해 본격적으로 썰을 풀려면 책을 한 권 더 써야 한다. 이건 비유가 아니라 진심이다. 마이클 잭슨은 설명이 필요 없는 가수지만, 일단 설명을 시작하면 끝이 없는 가수이기도 하다. 하여 오늘은 마이클 잭슨에 얽힌 에피소드를 소개하는 것으로 추모에 갈음하고자 한다.

마이클 잭슨이 세상을 떠난 후, 내가 담임을 맡은 학급에서는 6월 25일 전후로 마이클 잭슨 추모 특별 수업전이 열렸다. 수업 시간에 아이들이 지겨워하는 티를 내면 그것이 수업의 신호탄이었다.

"지루하지? 인생이란 게 참 그래. 좋아하는 것만 하고 살 수 있다면 얼마나 좋겠니? 선생님도 가끔 기도해. 식물처럼 광합성만 해도 살아갈 수 있게 해달라고. 햇빛만으로 에너지를 얻을 수 있게 해 주면 하루 종일 가만있을 수 있다고. 쓸데없는 얘기가 길었지? 넘어진 김에 쉬어가자. 오늘이 며칠이지? 6월 25일이네? 오늘이 무슨 날인지 아니? 그래, 한국전쟁이 일어난 날이야. 마이클 잭슨이 세상을 떠난 날이기도 해. 사회 시간엔 한국 전쟁에 대해 배웠으니까 음악 시간엔 마이클 잭슨에 대해 배워보자. 너네 마이클 잭슨이 누군지는 아니?"

"몰라요."

"안타까운 일이 아닐 수 없구나. 마이클 잭슨이 누구냐면, 어떻게 설명하면 좋을까? 이렇게 설명해 볼게. 일단 노래를 얼마나 잘 부르냐면, 누구를 예로 들면 좋을까? 그래, 위켄드! 요즘 세계에서 제일 잘 나가는 가수 중에 위켄드라고 있어. 노래를 기가 막히게 잘 불러. 창법도 마이클 잭슨이랑 비슷해서 어떤 노래는 눈 감고 들으면 마이클 잭슨이 환생했나 싶을 때도 있어. 일단 위켄드한테서 노래 실력을 가져오자. 다음은 춤. 춤은 누구를 예로 들까? 선생님은 현존하는 가수 중에 크리스 브라운이 가장 춤을 잘 춘다고 생각하거든? 크리스 브라운한테서 춤 실력을 가져오자. 참고로 크리스 브라운은 시간 날 때 인터넷에서 검색해 봐. 노래, 춤, 키, 얼굴, 몸매, 라이브 실력 등 모든 게 완벽한 육각형 가수인데, 글쎄 신이 인성을 앗아가 버렸지 뭐야? 너네 이런 건 배우지 마라.

다음은 퍼포먼스. 전 세계에서 퍼포먼스로 유명한 가수 TOP 10을 불러와서 회의를 시키는 거야. 돈 다 대줄 테니까 공연을 어떻게 할지 구상해 보라고. 그러면 기가 막힌 퍼포먼스가 나올 거 아냐? 자, 이제 이걸 다 합치는 거야. 위켄드의 노래 실력, 크리스 브라운의 춤, 월클 퍼포머들의 퍼포먼스를 합쳐서 한 사람에게 몰빵시키는 거지. 그게 바로 마이클 잭슨이야. 아니, 마이클 잭슨은 그보다 더 뛰어난 사람이지."

"진짜요? 어떤 사람인지 궁금해요."

바로 〈MTV VMA Live〉 영상 플레이. 그렇게 마이클 잭슨 레전드 영상 두어 개 틀어주고 〈1993년 슈퍼볼 하프타임쇼〉로 마무리. 게임 끝.

지금부터 전설의 〈1993 슈퍼볼 하프타임쇼〉 공연 소개가 있겠다. 공연은 마이클 잭슨 공연의 전형적인 순서를 따른다. '펑!' 소리와 함께 '토스트'로 등장. (토스트 기계에서 튀어 오르는 식빵처럼 무대 위로 튀어 오른다 해서 토스트라 불린다. 마이클 잭슨이 최초로 시도했다) 등장 후, 1분 정도 가만히 있는다. 마이클 잭슨은 아마도 전생에 심리학자였을 것이다. 사람들이 어느 정도 기다려야 도파민이 폭발하는지 너무 잘 안다. 1분 후, 왼쪽 한번 바라본다. 왼쪽 난리 난다. 이즈음 몇 명은 실신해서 공연장 밖으로 실려 나간다. 공연 시작하자마자 공연도 못 보고 실신하다니. 아이고, 아까워라. 10초 지나고 오른쪽도 한번 바라봐준다. 오른쪽 난리 난다. 레이밴 선글라스를 벗는다.

〈Jam〉 전주와 함께 공연 시작. 〈Billie Jean〉으로 '마! 내

가 마이클 잭슨이다!' 시전해주고, 다양한 인종이 지켜보는 만큼 〈Black or white〉로 인종 차별 금지 메시지를 전파한다. 노래가 끝나고 마이클 잭슨이 무대에서 지휘봉을 휘두르면 모든 관중이 참여하는 전 지구적 카드 섹션이 이어진다. 도대체 이건 언제 준비한 거야?

공연장 한가운데 대형 지구 모형이 떠오르고 전 세계 어린이들이 무대로 입장한다. 자세히 보면 한복 입은 친구도 보인다. 이 친구는 이로써 평생 안줏거리를 획득했다. '내가 말이야. 일곱 살 때 마이클 잭슨 슈퍼볼 무대에 한국 대표로 올라갔다는 거 아니냐?' 술자리마다 자랑할 듯. 그리고 이어지는 노래가 슈퍼볼 공연의 하이라이트이자 마이클 잭슨의 인생곡 〈Heal the world〉이다. 그는 왜 이런 노래를 만들었을까? 이걸 이해하려면 그의 어린 시절을 들여다볼 필요가 있다.

남들은 한창 어린이집 다니는 나이부터 그는 춤과 노래에 천부적 재능을 보였다. 이건 희극의 서막이었을까, 비극의 씨앗이었을까?

밴드 연주자였던 아버지는 마이클 잭슨의 재능을 떡잎부터 알아봤다. 마이클 잭슨과 그의 형제로 이뤄진 그룹 '잭슨 5'를 만들어 혹독하게 연습시켰다. 심지어 밤무대에도 올렸다. 문제는 그 과정이 아동 학대에 가까웠다는 사실이다. 마이클 잭슨은 훗날 오프라 윈프리와의 인터뷰에서 그때의 공포스러운 기억을 이렇게 회상했다.

"8살부터 쉴 새 없이 일해야 했어요. 아버지만 보면 무서워서 토할 것 같았어요. 이건 어릴 때나 지금이나 마찬가지예요."

마이클 잭슨은 세상의 모든 아름다움을 흡수하기에도 모자란 유년 시절을 그렇게 빼앗기고 말았다. 마이클 잭슨이 세계적 스타가 된 이후에도 전 세계의 어린이들을 위한 자선 활동을 이어간 데는 아이들에게 행복한 유년 시절을 선물함으로써 잃어버린 자신의 유년 시절을 보상받고자 한 심리가 있지 않았을까? 실제로 마이클 잭슨은 네버랜드를 만들어 전 세계의 어린이들에게 꿈과 희망을 선물했다. 그런데 이게 소아성애자라는 루머를 만드는 구실이 될 줄이야. 결국 법원에서 무혐의로 풀려났지만, 이 루머는 훗날 그를 끝없는 고통으로 몰고 가는 도화선이 되고 만다.

악마는 어디에나 있다. 마음이 하얀 사람일수록 검은 때가 묻으면 더 티가 나는 법. 악마들의 공격에 왜 그처럼 선한 사람이 타깃이 되어야 했는지, 그의 마지막을 생각하면 지금도 마음이 아려온다. 그때마다 떠오르는 사회학자의 말이 있다. 기억나는 대로 옮겨보자면 이렇다.

"한 사람에게 재능, 돈, 명예, 인기를 몰빵시킨 다음 어떤 일이 일어나는지 알고 싶다면 마이클 잭슨을 보라."

 단지 유명하다는 이유만으로 그렇게 상처 받아놓고 마이클 잭슨은 이런 말을 남겼다.

"Lies run sprints, but the truth runs marathon. In the end, the truth always triumphs."

(거짓은 단거리를 달리지만, 진실은 마라톤을 달립니다. 하지만 결국 진실이 승리하죠.)

 그의 말대로 그는 진실과의 싸움에서 승리했지만, 지금 이 세상에 없다. 나는 이 사실이 슬플 뿐이다. 아무리 생각해도 마이클 잭슨과 동시대를 살 수 있었던 건 어마어마한 행운이다. 앞으로도 인류 역사에 마이클 잭슨 같은 가수는 다신 없을 테니까.

> Heal the world
>
> Make it a better place
>
> For you and for me
>
> And the entire human race
>
> 세상을 치유해요.
>
> 더 나은 곳으로 만들어봐요.
>
> 당신과 나, 우리 모두를 위해.

There are people dying

If you care enough for the living

Make a better place For you and for me.

사람들이 죽어가고 있어요.

조금만 더 서로에게 관심을 기울인다면

더 나은 세상을 만들 수 있어요.

- Michael Jackson, 〈Heal the world〉

Track 3.

천국에도 DJ가 필요했나요

♬ <Without you> - Avicii

　매년 12월 31일 11시 55분. 그해 마지막 5분을 남기고 치르는 나만의 의식이 있다. 가장 듣고 싶은 노래를 들으며 한 해를 마무리하는 것이다. 2023년 마지막 날엔 Daft punk의 〈Contact〉를 들었다. 특별히 듣고 싶은 노래가 없다면 새해맞이 카운트다운 송으로 이만한 게 없다. 듣고 있으면 다른 차원의 세계로 쏘옥 빨려 들어가는 느낌이 든다. 무중력 상태로 우주여행을 하는 기분이랄까.

　올해도 〈Contact〉로 마무리해야지 했을 때, 넷플릭스에서 흥미로운 다큐멘터리를 발견했다. 제목은 〈내 이름은 팀〉. 넷플릭스 인물 다큐는 무조건이지! 그런데 팀이 누구지? 썸네일 사진을 보고 누군지 알아채는 데 0.1초도 걸리지 않았다.

　아비치(Avicii). 아, 아비치의 본명이 팀 베릴링이었구나. 팬이라는 사람이 본명도 모르고 있었다니. 미안해요, 아비치. 아니, 팀 베릴링. 이렇게 2024년의 마지막을 함께 보낼 아티스트가 결정되었다.

아비치와 나의 인연은 2012년으로 거슬러 올라간다. 만 30세의 나이로 호주 워킹홀리데이 비자 막차를 타고 시드니에 입성했다. 영어 공부와 오지 잡(호주인들과 함께 일하는 직업) 두 마리 토끼를 잡겠다는 계획은 도착하자마자 영어라는 장벽 앞에 가로막혔다. 영어가 필요 없는 청소 일로 생계를 이어갔다. 한국에 돌아가면 평생 선생님만 하다 은퇴할 테니 여기서는 한국에서 할 수 없는 일을 해보자는 심산이었다. 결과적으로 이 결정이 내 운명을 송두리째 흔들어 놓았으니, 지금 보면 이 결정은 이세돌과 알파고의 네 번째 대국에서 나온 78수 못지않은 신의 한 수, 아니 운명의 한 수였다. 이때까지만 해도 2025년에 명예 퇴직을 하게 될 거라고는 꿈도 못 꿨다지.

그때 사무실 카펫 청소를 하다 만난 청년이 있었다. DJ 지망생 J. 우리는 여섯 살 차이였지만 금세 친해졌다. J에게는 다른 유학생과 다른 뭔가가 있었다. J는 다른 유학생처럼 자신의 정체성을 유학생으로 꾸미지 않았다.
"넌 여기 왜 왔어?"

"돈 벌러 왔어요. DJ 되는 게 꿈인데 DJ가 되려면 돈이 필요하거든요."

돈. 참 간결한 목표다. 꿈 찾아왔다고 포장할 만도 한데 그러지 않는 솔직함이 좋았다. 그동안 어학원에서 방황하는 청춘들을 보며 얼마나 많은 실망을 했던가? 그도 그럴 것이, 내가 다니는 어학원에서 영어 공부를 열심히 하는 유학생은 몇 안 됐다. 나라면 돈이 아까워서라도 열심히 할 것 같은데 다들 돈 걱정 없는 집에서 왔나?

한국인이 절반이던 그 어학원에서는 굳이 영어를 쓸 필요가 없었다. 당연히 영어는 늘지 않았다. 그중 몇몇은 아예 기초가 안 잡혀 있어서 기초반부터 시작했다. 기초반은 말 그대로 "How are you?", "Fine. Thank you, and you?" 수준의 영어를 가르치고 있었다. 이럴 거면 굳이 왜 여기까지 와서… 한국에서 편하게 YBM 어학원 다니면 되지 않나?

호주는 밤이 되면 대부분의 술집이 문을 닫는다. 회식 문화도 없고 회식도 1차만 하고 집으로 돌아가는 분위기다. 유일하게 새벽 6시까지 문을 여는 술집이 있었다. 한국인이 운영하는 가게였다. 이곳은 새벽만 되면 한국 유학생들로 발 디딜 틈이 없었다. 저 청년들의 부모는 자녀가 하라는 공부는 안 하고 새벽까지 술을 퍼마시고 있다는 걸 알고 있을까? 어학원에서 잠깐 알고 지낸 Y도 그런 경우였다. Y는 아버지가 꼬박꼬박 보내준 돈으로 술을 마셨다. 당시 시드니 물가는 소주 한 병에 만 오천 원이 넘었다. 일주일에 한두 번만 술을 마셔도 용돈은 금세 떨어졌다. 용돈이 떨어질 때마다 Y는 집에 전화했다. 전화 한 통이면 Y의 통장에 돈이 꽂혔다. Y는 부모님이 따박따박 보내준 돈으로 어학원에서는 초등학교 수준의 기초 영어를 배우고 밤에는 술을 마셨다.

그런 애들을 보다가 꿈 찾아 호주까지 왔다는 J를 만났으니, J가 얼마나 예뻐 보였겠는가. J는 알면 알수록 매력적인 친구였다. 이력도 화려했다. 손재주가 좋아서 한국에서는 미술 학원 강사로 일했다고 했다. 기타도 잘 쳤다. 무엇보다 독특한 이력은 게임 워크래프트 세계 챔피언 출신이라는 사실이었다. 3명이 팀을 이루어 한국 대표로 나간 대회에서 우승해서 상금 천만 원을 받았고, 그 돈으로 세계 여행을 하다가 흘러 흘러 시드니까지 오게 됐다고 했다. 인터넷에서 검색해봤더니 뉴스 기사에 J의 사진이 실려있었다.

우리는 팀을 이루어 카펫 청소를 했다. 청소업체 사장님도 좋은 사람을 만나 이어폰으로 음악을 들으며 일했다. 쉬는 시간마다 음악 얘기를 나눴다. 한 번은 J가 듣고 있는 음악이 궁금해서 물어봤다.

"지금 무슨 음악 들어?"

"들어보실래요?"

빰빰빠바 바바바- 빠바바 빠바바- 오오- 썸타임-

"이거 누구 노래야?"

"아비치라고 스웨덴 DJ가 만든 노래예요."

들자마자 귀를 휘감는 노래는 아니었다. 하지만 독특하다는 인상을 강하게 받았다. 아, 이런 음악이 요즘 젊은이들이 많이 듣는다는 EDM이구나. 굳이 찾아 듣진 않았다. 그땐 한창 힙합에 빠져있을 때였으니까. 몇 년 후, 나는 우연히 Armin Van burren의 〈Intense〉라는 곡을 들었다가 EDM의 세계로 빨려 들어간다. EDM은 신세계였다. 힙합을 끝으로 더 이상 음악에서 새로운 장르는 나올 수 없겠다고 생각했는데, 디지털 음악이라는 반전은 생각 못했다. 그렇게 향후 몇 년간 도파민과 아드레날린을 무한 공급해 줄 보물 상자를 열었다.

다만 EDM에는 치명적인 약점이 있었다. 음악 특성상 음악의 구조가 비슷하고 자기 복제도 심하다 보니 계속 듣다 보면 그 음악이 그 음악 같고 모든 음악이 비슷하게 느껴지는 시점이 온다. 질리도록 듣다 보면 실제로 질려버리는 순간이 오는 것이다. 그렇게 EDM과는 서서히 멀어져 왔다. 그러나 지금도 유일하게 즐겨 듣는 DJ가 있으니, 그때 J가 나에게 소개해 준 DJ, 그 이름도 찬란한 아비치 되시겠다.

아비치는 어나더 레벨이다. 아니, 어나더 클래스다. 그냥 클래스 자체가 다르다. EDM은 컴퓨터로 만든 음악이기에 기계가 주는 차가운 느낌을 피할 수 없는데, 아비치의 음악에는 EDM이라는 이름으로 가둘 수 없는 따뜻하고 깊은 뭔가가 있다. 한마디로 EDM이 아이스 아메리카노라면, 아비치는 에스프레소 더블샷이고, 다른 DJ가 몬드리안(차가운 추상)이라면, 아비치는 칸딘스키(뜨거운 추상)다.

아비치는 포크, 컨추리 같은 아날로그 감성을 EDM에 접목시킬 줄 알았다. 0과 1로만 이뤄진 디지털 몸체 위에 따뜻한 인간의 피를 수혈했고, 그것이 아비치 음악의 정체성이 되었다. 다른 DJ들이 어떻게 하면 보다 자극적으로 사람들을 춤추게 할 수 있을까 연구할 때, 그는 시대와 장르를 초월한 멜로디를 창조했다. 그것도 그만의 철학적인 메시지를 넣어서. 결과적으로 그것이 다른 DJ와 아비치 사이에 분명한 선을 그었다.

이것은 분명 재능의 영역이다. 한 번만 들어도 바로 따라 흥얼거리게 되는 멜로디를 참 쉽게도 만들어낸다. 다큐에서 그가 멜로디를 만드는 장면을 보며 언젠가 그의 노래에 달린 댓글이 떠올랐다.

"이런 음악은 도대체 뇌의 어느 부위에서 뽑아내는 건가요?"

세계적인 작곡가이자 불세출의 기타리스트 나일 로저스도

아비치의 멜로디 창작 능력을 두고 이런 말을 남겼다.

"살면서 만난 작곡자 중에 멜로디를 가장 자연스럽게 만들었어요."

아비치는 노래에 찰떡같이 어울리는 가수를 찾는 능력도 탁월했다. 와, 이 노래는 누가 불렀지? 하고 찾아보면 이름이 생소한 보컬인 경우가 많았다. 다 듣고 나면 이 노래는 누가 불러도 이 보컬보다 잘 부를 수 없겠다는 확신을 갖게 됐다. 일례로 〈Addicted to you〉는 오드라 메이(Audra Mae)가 불렀다. 나는 지금도 이 노래의 후렴구를 들을 때마다 생각한다. 이 노래는 아델(Adele)이 불러도 이런 느낌 못 낸다고. 아비치는 어디서 이런 가수들을 찾아내는 걸까? 다큐 〈내 이름은 팀〉에 미국의 컨트리가수 댄 티민스키의 인터뷰가 나온다. 여기서 아비치가 가수를 어떻게 섭외하는지 힌트를 얻을 수 있다. 인터뷰에서 댄은 말한다.

"비서한테 아비차라는 아티스트가 피처링을 요청해 왔는데 할 수 있겠냐고 연락이 왔어요. 전 EDM이 뭔지도 몰랐고 고맙지만 사양하겠다고 말했어요. 비서는 공식적으로 거절하기 전에 한번 들어보는 게 어떻겠냐고 하더군요. 저는 딸에게 연락해서 아비치라는 가수를 아냐고 물어봤어요. 바로 답장이 왔어요. 스웨덴 DJ인데 천재라고. 왜 묻냐길래 아비치가 나랑 곡 작업을 하길 원한다고 말했죠. 그랬더니 딸이 한마디 하더군요. 헛소리(딸은 농담인 줄 알았음)."

결국 댄은 아비치의 노래 〈Hey, brother〉에 피처링으로 참여했다. 결과는 댄의 인터뷰로 확인할 수 있다.

"제가 참여한 곡 중 가장 대작이에요. 16개국에서 동시에 1위를 했으니까요. 한 번은 아들 학교에 밥을 먹으러 갔는데, 한 아이가 절 보고 'Hey, brother' 하더니 세 명이 노래를 따라 부르기 시작했어요. 1초도 안 돼서 점심 먹던 모든 사람이 운동장에서 이 노래를 떼창[22]하는 광경이 연출됐어요."

아비치는 팝과 EDM의 경계를 무너뜨렸다. 아비치가 EDM의 경계를 넘어 음악계에 큰 발자취를 남기는 건 시간문제였다. 그렇게 한창 주가를 올리던 2016년, 그는 돌연 공연은 그만두고 창작에만 전념하겠다고 공식 발표한다. 아니, 왜? 하루아침에도 수많은 별이 명멸하는 EDM 씬에서 DJ가 공연을 하지 않는다는 건, 잊힐 각오도 마다하지 않겠다는 뜻이었다.

건강에 문제가 생긴 걸까? 그러고 보니 건강이 안 좋아 보이긴 했다. 살 빠지는 게 우려스러울 정도였다. 인터넷에선

---

[22] 함께 부른다는 의미의 신조어

그의 결정을 조롱하는 댓글을 심심치 않게 볼 수 있었다. 평생 벌 돈을 20대에 다 벌어놓은 그에 대한 질투였을 수도 있고, 그의 공연을 다시 볼 수 없다는 아쉬움 섞인 투정이었을 수도 있다. 다만 그의 달라져 가는 외모를 비하하는 댓글들은 그도 뼈아팠을 것이다. 겉으로는 쿨한 척했지만.

한 번은 SNS에 탈모가 진행되고 있는 머리를 시원하게 드러내고는 "그래, 나 탈모다. 어쩔래?" 식의 글을 올린 걸 보고 안심했던 기억이 난다. 그래요, 아비치. 팬 같지 않은 팬들도 많지만, 저처럼 당신을 응원하는 팬은 그보다 훨씬 많아요. 마음 단단히 먹고 꾸준히 음악 해줘요. 그리고 몇 달 후, 상상치 못했던 뉴스를 접하고 말았다.

[오피셜] DJ 아비치, 오만에서 사망

뉴스를 듣고 한동안 멍해 있었던 것 같다. 공식적인 사인은 발표되지 않았지만, 사망 발표 성명서의 뉘앙스("He wanted to find peace.")로 보아 건강 문제로 사망한 것 같아 보이진 않았다. 그렇다면 예상할 수 있는 사인은 하나뿐인데… 왜? 도대체 왜? 모두가 부러워할 만한 삶 아닌가? 직장인 연봉 5년 치를 공연 한 번에 버는 삶, 하고 싶은 음악을 마음껏 하면서 전 세계 투어를 돌고, 눈만 뜨면 유명 아티스트로부터 콜라보 요청이 쏟아지는 삶. 통장엔 평생 써도 다 못 쓸 만큼의 돈이 쌓여있고, LA엔 창문 밖으로 바다가 내다보이는 멋진 별장도 갖고 있었다. 그런 그가 뭐가 부족해서?

넷플릭스 다큐멘터리 〈내 이름은 팀〉이 그 비밀을 밝혀주지 않을까? 술 없이는 못 볼 것 같아서 편의점에 맥주를 사러 갔다. 맥주를 사 들고 아비치의 〈True〉 앨범을 들으며 돌아와 다큐멘터리를 감상했다. 다큐멘터리에는 아비치가 아닌 팀 베릴링의 이야기가 담겨있었다. 그제야 비밀의 마지막 퍼즐 조각을 맞출 수 있었다. 아, 그래서 공연 은퇴를 결정했던 거구나. 그래서 건강이 나빠졌던 거구나. 그래서 그런 가사가 나왔던 거구나.

여담이지만, 다큐를 보며 커트 코베인이 자주 떠올랐다. 둘은 참 많이 닮았다. 심리적으로 불안정했고, 둘 다 너무 큰 성공을 너무 빠른 시간에 이룬 나머지 무대 뒤에서 공허함을 느꼈다. 커트 코베인의 유서엔 다음과 같은 문장이 나온다.

"나는 읽을 때나 쓸 때도, 음악을 들을 때나 곡을 만들 때도 오랫동안 감동을 느끼지 못했다. 이런 사실에 뭐라 말할 수 없는 죄책감을 느낀다. 예를 들어 무대 뒤에 있을 때 조명이 꺼지고 관객들의 열광적인 함성이 들려와도 나는 아무런 감흥을 느끼지 못했다. 프레디 머큐리라면 그러지 않았겠지.

그는 군중들의 환호 속에서 즐거워하고 기뻐할 줄 알았다. 난 정말 그런 것이 존경스럽고 부럽다. 내가 생각하기에 가장 나쁜 죄악은 내가 100% 즐거운 것처럼 꾸미고 가장함으로써 사람들을 속이는 것이다."

아비치도 이와 비슷한 심정을 토로했다.

"가면 쓴 인간이 되는 게 싫었어요. 아비치가 됐다가 팀이 되는 게 싫었어요. 무대에 올라 그걸 즐기는 사람이 되고 싶었어요. 너무 혼란스러웠고 여전히 이해가 안 됐어요. 음악을 만드는 것도 재미없었죠. 너무 과했거든요. 해결 방법도 모르겠어요."

그에겐 휴식이 절실했으나 쉬지 못했고, 사랑하던 음악에 싫증을 느끼고 말았다. 결국 그는 그의 이름처럼 지옥에 갇혀버렸다. (아비치라는 이름은 불교의 아비지옥에서 유래했다) 내가 가장 사랑하던 뭔가를 잃어버렸을 때의 상실감을, 가장 사랑하는 것을 잃어보지 않은 나는 상상할 수 없다. 상실감과 공허감을 채우기 위해 커트는 헤로인에, 아비치는 알코올과 진통제에 손을 댔다. 둘 다 소화기관에 문제가 있었고, 이 또한 삶의 질을 떨어뜨리는 데 일조했을 것이다. 음악계의 판도를 바꿔놓았지만, 본의 아니게 자신이 만든 감당 못할 세계에 갇혀버린 두 아티스트는 결국 그렇게 스스로 세상을 떠났다. 우연의 일치겠지만, 아비치는 생전에 작업하던 앨범을 두고 '열반(Nirvana)을 향한 열정'에 관한 앨범이라고 말했다. 커트 코베인이 속한 밴드 이름이 Nirvana다.

아비치는 세상을 떠나기 전 〈Without you〉라는 노래를 발표했다. 그땐 그저 예쁘게만 들리던 사랑 노래가 막상 그가 떠나고 나니 팬에게 전하는 메시지처럼 들린다. 내가 없어도 잘 살아가라고. 그동안 고마웠다고. 어쩌면 그는 이 노래를 만들 때 이미 세상과 헤어질 결심을 하고 있었는지도 모르겠다.

〈Without you〉 가사를 아비치가 팬에게 전하는 마지막 메시지라 생각하고 읽어보자. 처음엔 당신(팬) 없이도 꿋꿋이 살아가겠다는 다짐처럼 들리던 이 노래가, 이젠 나(아비치 본인) 없이도 잘 살아가라는 메시지로 들리는 건 나뿐인가.

> You said that we would always be
> Without you I feel lost at sea
> Through the darkness you'd hide with me
> Like the wind we'd be wild and free
> You Said you'd follow me anywhere
> But your eyes tell me you won't be there
> 넌 말했지. 우린 항상 함께 할 거라고.
> 네가 없으면 난 바다에서 길을 잃은 기분이야.

어둠 속에서 나와 함께 숨어.

우린 바람처럼 거칠고 자유로울 거야.

넌 어디든 날 따라오곤 했지.

하지만 네 눈은 네가 거기 없다고 말해.

I got to learn how to love without you

I got to carry my cross without you

Stuck in the riddle and I'm just about to

Figure it out without you

And I'm done sitting home without you

Fuck, I'm going out without you

너 없이 사랑하는 법을 배워야 해.

너 없이 십자가를 져야 해.

수수께끼에 갇혀있지만, 난 이제

너 없이 헤쳐 나갈 거야.

너 없이 집에 있는 것도 그만할래.

젠장, 너 없이 밖으로 나갈 거야.

- Avicii, 〈Without you〉

> **덧붙임**
>
> 아비치 노래 중엔 가사가 좋은 노래가 참 많다. 나의 인생 가사 중 하나인 <The nights>와 <Waiting for love>의 가사도 빼놓을 수 없다.

He said, One day you'll leave this world behind,

So live a life you will remember.

아버지께서 말씀하시길,

"언젠가 너도 이 세상을 떠나게 될 거야.

그러니 훗날 추억할 만한 삶을 살아라."

- Avicii, <The nights>

Where there's a will, there's a way, kinda beautiful

And every night has its day, so magical

And if there's love in this life, there's no obstacle

That can't be defeated

뜻이 있는 곳에 길이 있다는 건 얼마나 아름다운가!

매일 아침 해가 뜨는 건 마법 같아.

삶에 사랑이 있다면 극복하지 못할 시련은 없을 거야.

For every tyrant a tear for the vulnerable

In every lost soul the bones of a miracle

For every dreamer a dream we're unstoppable

With something to believe in

모든 폭군에게는 약자를 위한 눈물을,

길 잃은 영혼에게는 기적을,

꿈꾸는 자에게는 멈추지 않는 꿈을.

Monday left me broken

Tuesday I was through with hoping

Wednesday my empty arms were open

Thursday waiting for love, waiting for love

Thank the stars it's Friday

I'm burning like a fire gone wild on Saturday

Guess I won't be coming to church on Sunday

I'll be waiting for love, waiting for love

To come around

월요일엔 무너졌지만,

화요일은 희망으로 버티고, 수요일은 팔을 활짝 펼 거야.

목요일엔 사랑을 기다리고, 금요일엔 별에게 감사해.

토요일엔 불처럼 타올라,

> 아마 일요일엔 교회를 못 갈 것 같아.
> 돌아올 사랑을 기다릴 거니까.
>
> – Avicii, 〈Waiting for love〉

〈TIM〉이라는 이름의 유작 앨범에서는 다음과 같은 가사를 남겼다.

> When the record's on the final song
> And the parties will be long, long gone
> All the pretenders and the hangers on
> Can go find themselves another one
> 앨범의 마지막 곡 녹음과 파티가 끝난 후,
> 진행자와 구경꾼들은 또 다른 걸 찾으러 가면 돼.
>
> – Avicii, 〈Ain't a Thing〉

이 가사는 또 왜 이렇게 슬프냐. 아비치의 노래 가사처럼 파티는 끝났지만, 나는 지금도 당신보다 나은 DJ를 찾지 못하고 있다. 천국에도 DJ가 필요해서 하늘이 당신을 데려갔다지만, 나는 여전히 당신이 필요하다. 부디 그곳에서는 모든 짐 내려놓고 편히 쉬기를.

그동안 고마웠어요.
내 마음속 넘버1 DJ.
아비치(팀 베릴링).

Rest in peace.
Thank you, Avicii(1989-2018).

Track 4.

널 떠올릴 때마다 나는 늘 진다

♬ <그대 떠나는 날에 비가 오는가> - 산울림

회식을 마치고 집으로 돌아오는 길, 꺼져있던 핸드폰을 켜니 부재중 전화가 와 있었다. 부재중 전화가 찍힌 시각은 밤 11시. 문자도 한 통 와 있었다.

"선생님, 급하게 드릴 말씀이 있어서요. 시간 되실 때 연락 부탁드려요."

작년에 같은 학교에서 근무했던 Y였다. 형이라고 불러도 되는데 굳이 선생님이라고 호칭하다니, 예의 바른 건 여전하군. 그런데 왜 이렇게 밤늦은 시간에 전화했지? 지금 시각은 새벽한 시. 궁금증을 해소하기엔 너무 늦은 시간이었다. 나는 Y가 밤 11시에 연락한 이유를 추측하며 밤잠을 설쳐야 했다.

Y가 이 시간에 급하게 연락할 만한 일이 뭐 있을까? 굳이 이 시간에 연락한 걸 보면 좋은 일은 아닌 것 같고. 내가 작년에 잘못한 게 이제 와 터졌나? 학부모 민원? 업무 관련 실

수? 아무리 생각해도 그럴만한 일은 없었는데… 가만 보자. 지금 Y가 6학년 부장이지? 작년에 내가 맡았던 아이들은 올해 5학년이니까 Y랑 엮일 일이 없는데? 설사 그런 일이 있다고 해도 이 늦은 시간에 연락할 일은 아니지 않나?

다음 날 아침, 일어나자마자 Y에게 전화를 걸었다.

"어, 나 한빛. 잘 지내지? 갑자기 무슨 일이야?"

"형, 저도 어제 소식을 들었는데요. 작년에 우리랑 같이 근무했던 K가 세상을 떠났어요."

"어?"

너무 황당하면 말문이 막힌다는 걸 그날 처음 알았다. K는 아마 내가 알고 지낸 모든 사람을 통틀어 가장 밝고 건강한 아이였다. 늘 웃는 얼굴이었고 단 한 번도 화나거나 슬픈 얼굴을 본 적이 없었다. 몇 달 후 결혼을 앞두고 있기도 했다. 그런데 갑자기 왜?

"다들 마찬가지겠지만, 저도 소식을 듣고 믿지 못했어요. 절대 그런 선택을 할 아이가 아닌데."

선택? 대화의 뉘앙스는 사인이 자살임을 넌지시 내비치고 있었지만, 사인을 알면 더 마음이 아플 것 같아서, 아니 사인을 알면 현실을 더 받아들이지 못할 것 같아서 사인을 물어보지 못했다.

"장례식은 언제야?"

"장례도 가족들만 모여서 조용히 치른다고 하더라고요. 작년에 같이 근무했던 선생님들한테 전화 돌리고 조의금이라도 모아서 전달하려고 연락드렸어요."

"그래, 고생이 많다. 계좌번호 보내주고, 지금 경황이 없어서 나중에 연락할게."

전화를 마치고 한참을 멍하니 서 있었다. 내가 숨 쉬고 있는 이 세상에 K가 없다는 사실이 도무지 믿기지 않았다. 다른 사람이라면 이해라도 하지. K가? 왜? 사인이 자살이 아닌 건 아닐까 하는 질문이 일주일 내내 나를 괴롭혔다.

일주일 후, 마음 아플지라도 진실을 마주해야겠다는 생각에 K와 같은 학교에 근무하는 후배에게 전화했다. K가 세상을 떠난 게 맞냐고. 내가 생각하는 사인으로 세상을 떠난 게 맞냐고. 그게 맞다고 했다. 본인이야말로 불과 2주 전 송별회에서 웃으며 헤어졌던 K가 그런 선택을 했다는 게 믿을 수 없다고 했다. 전화로 그나마 마음이 가벼워진 게 있다면 자살의 원인이 우울증은 아니라는 사실을 알게 된 것이었다. 그래, K는 내가 아는 가장 밝은 아이였는데, 나의 실없는 농담에도 그렇게 잘 웃어주던 아이였는데 그럴 리 없지.

그렇다고 슬픔이 작아진 건 아니었다. 그 후로 오랫동안 나는 후회라는 감옥에 갇혀 지내야 했다. K가 벼랑 끝에 내몰렸을 때, 도움의 손길을 내밀만한 선배가 되어주지 못했다는 사실이 목에 걸린 생선 가시처럼 마음에 걸렸다. 2년간 같이 지내며 K에게 잘해준 것도 있을 텐데 못한 일들만 떠올랐다.

K와 같은 학교에 근무했던 2년은 여행사 창업을 준비하던 기간이었다. 여행사 코스를 완성하고 학교 선생님 몇몇을 초대해 함께 여행을 떠난 적 있다. 각자 다른 학교 전출을 앞두고 떠난 마지막 이별 여행이었다. K도 여행 멤버 중 한 명이었다. 여행 코스의 마지막은 '군산 오름에서 밤하늘 보며 별 멍하기' 코스였다. 날씨가 갑자기 추워지는 바람에 우리는 저녁을 먹고 헤어졌다. 이럴 줄 알았다면 그날 군산 오름도 올라갈걸.

함께 초과근무를 했던 날, 좋아하는 식당에 데려가 저녁을 사준 적 있다. 돈가스가 맛있는 집이었다. 그날은 왠지 안 먹어본 메뉴가 당겨서 제육볶음을 시켰다. 제육볶음 맛이 돈가스에 비해 별로였다. 이 집은 돈가스가 맛있으니 다음엔 돈가스를 사주겠다고 약속했다. 이럴 줄 알았다면 그때 돈가스 사줄걸.

세상을 떠나기 20일 전, K가 나에게 카톡을 보냈다.

"형, 작년에 형이 데려갔던 수제 막걸리 가게 있죠? 거기 아직도 장사해요?"

그때가 크리스마스쯤이었으니 여자 친구랑 같이 가려나 보다 생각했다.

"아, 거기? 요즘엔 장사하다 안 하다 하는 것 같더라고? 전화번호 줄 테니까 전화 한 번 해봐."

"네, 형."

이럴 줄 알았으면 그 가게에 전화해 보고 직접 알려줄걸. 그게 뭐 어렵다고.

그날 이후, 영원히 대답을 듣지 못할 질문이 내게 남겨졌다. 세상을 떠나기 20일 전, K는 왜 그 막걸릿집을 찾고 싶었던 걸까? 그때 이미 세상을 떠날 결심을 했던 걸까? 최후의 만찬으로 그 막걸리가 생각났던 걸까? 아니면 그때까진 별일 없었는데 20일 사이에 무슨 일이 벌어졌던 걸까? 궁금하지만 대답해 줄 사람은 세상에 없다.

> 슬픔은 지난 이야기 아니오.
> 두고두고 긴 눈물이 내리리니.
>
> - 산울림, 《그대 떠나는 날에 비는 오는가》

가사처럼, 슬픔은 지난 이야기가 아니다. 두고두고 긴 눈물이 내릴 것이다. 요즘도 문득 K 생각이 난다. 배드민턴 동호회에서 배드민턴을 치다가 지금 내가 있는 이 학교가 K가 마지막에 근무한 학교임을 깨달았을 때, K와 같은 학교에서 지냈던 누군가를 만났을 때, 별일 없이 지내다가 아무 이유 없이 문득, 어느 날 문득.

   그때마다 나는 K에게 묻고 싶어진다. 마지막 순간에 도와 달라고 연락이라도 해보지 그랬냐고. 오늘처럼 문득 K가 떠오를 때, 내가 떠올리는 K의 얼굴에는 늘 웃음만 가득해서 '그래도 살면서 힘든 순간보다는 행복했던 순간이 훨씬 많았지?' 질문을 던지며 애써 위안을 삼아 보지만, 이내 질문에 대답해 줄 사람이 없다는 걸 깨달을 뿐이다. 그렇게 널 떠올릴 때마다 나는 늘 후회라는 감정에게 진다.

5.

손에 손잡고

손에 손잡고 벽을 넘어서
우리 사는 세상 더욱 살기 좋도록
손에 손잡고 벽을 넘어서
서로서로 사랑하는 한마음 되자.

- 코리아나, <손에 손잡고>

Track 1.

행복의 나라로 갑시다

♬ <행복의 나라로> - 한대수

    10대는 인싸 지망생으로, 20대는 인싸로 살았다. 30대부터는 자발적 아싸로 살고 있다. 20대의 나를 기억하는 사람들은 '네가 아싸라고? 아싸의 뜻을 잘못 알고 있는 것 아님?' 하며 코웃음 치겠지만, 실제로 나는 글쓰기 덕분에 나의 본성을 깨달은 다음부터는 내향형 인간을 지향하며 살고 있다. 필요 이상의 인간관계는 부담스러워 전화번호부는 업데이트 안 한 지 오래다. 지금 내 전화번호부에 저장된 번호는 50개가 채 되지 않는다. 불편한 건 딱히 없다. 자주 연락하는 사람은 전화번호를 외우고 있으니 저장할 필요 없고, 전화번호 모르는 사람에게 갑자기 연락할 일 생기면 한 다리만 건너면 전화번호를 알 수 있다.

    모임도 다 탈퇴했다. 딱 하나 '공공의 정'만 빼고. 내가 군대 간 사이에 만들어진 모임이라 나는 제대하자마자 이 모임에 자동 가입되었다. 이름의 유래를 듣자 하니, 어느 날 술 먹고 싸우던 A가 B에게 "너는 진짜 공공의 적이다."라고 말했는데, B가 "공공의 적은 너무하는 거 아닙니까? 공공의 적은 어감이 안 좋으니 '공공의 정'으로 정정해 주십시오."라고 맞받아치는 바람에 모임 이름이 공공의 정으로 결정됐다나 뭐라나. 워낙 오래되고 끈끈한 모임이다 보니 한 번 모였다 하면 2차, 3차는 기본이고, 잠깐 이성의 끈을 놓쳤다 싶으면 난 누군가 또 여긴 어딘가 하며 점점 기억이 희미해지다가 결국 필름이 끊기게 되는 그런 모임이다. 그날도 그런 날이었다. 3차 술자리를 마치고 정신 차려 보니 눈앞에 대형 스피커 2대가 보였다.

"여긴 어디죠?"

"제주시청 대학로. 여기가 지난번 모임 때 막차 장소로 추천했던 그 술집이야."

나를 그곳으로 인도하신 J 형님이 말했다.

"사장님한테 인사해라. 내 친구야. 어릴 때부터 음악 좋아하더니 결국 이런 술집까지 차리더라. 너 앞에 스피커 저거 얼마짜린 줄 아냐? 하나에 2천만 원이래. 너 음악 좋아한댔지? 지금 분위기에 어울리는 노래로 선곡 하나 해봐라. 2천만 원짜리 스피커로 들으면 뭐가 다른지 비교해 보게."

이분이 말로만 듣던 오디오 덕후? 20만 원짜리 헤드폰 하나 사는 데도 벌벌 떨던 나로서는 사장님의 2천만 원짜리 스피커만큼이나 음악을 좋아해서 술집까지 차리게 됐다는 사장님의 덕업일치[23] 서사가 와닿았고, 비록 좋은 장비는 갖추고 있지 못하지만, 음악 애호가로서 좋은 음악을 많이 안다고 자부하는 나였기에 어떤 음악을 선곡할지 골몰할 수밖에 없었다. 어떤 노래를 선곡해야 음악 좀 안다고 소문나려나?

라디오헤드의 〈No surprises〉? 아니야. 너무 우울해. 볼륨 올리고 메탈리카나 판테라? 아니야. 여기서 메탈 틀면 옆 가게에서 항의 들어올지도 몰라. 다 알만한 노래로 비틀즈의 〈Hey jude〉나 〈let it be〉? 아니면 난이도 좀 높여서 〈Across the universe〉? 이 노래 틀면 술도 취했겠다 우주 무중력 바이브 나오겠군.

"선곡하는 데 뭐 이리 오래 걸려? 기다리다 술 다 깨겠다."

"10초만 시간을 주세요. 기막힌 선곡으로 귀르가즘을 선물해 드리겠습니다. (10초 후) 사장님, 결정했습니다! 한대수의 〈행복의 나라로〉 틀어주십시오."

그런데 말입니다(갑자기 분위기 〈그것이 알고 싶다〉). 나

---

[23] 좋아하는 것과 직장이 일치한다는 의미의 신조어

는 왜 〈행복의 나라로〉를 틀어달라고 했을까? 여기서 그냥 넘어갈 내가 아니지. 미스터리가 서 말이라도 풀어야 보배다. 방구석 탐정 출동 개시!

일단 제주 시청을 모임 장소로 정한 걸 보면 내가 제주시 학교에 근무하던 시절과 맞물린다. 그렇다면 시기는 대략 십여 년 전으로 추정된다. 그때 내가 포크 음악을 즐겨 들었나? 김광석은 그때도 많이 들었을 거고, 간간이 송창식, 트윈폴리오 노래를 듣긴 했지만, 아무리 기억의 테이프를 되감아 봐도 한대수의 노래를 따로 찾아 듣진 않았던 것 같다. 한대수의 노래 중 아는 노래라고 해봐야 〈행복의 나라로〉, 〈물 좀 주소〉, 〈바람과 나〉 정도? 그런데 왜 하필 〈행복의 나라로〉를 선곡했냐 이 말이지.

이제 와 추측해 보건대 그때가 2016년이었을 수도 있겠다는 생각이 든다. 탄핵 정국으로 온 세상이 뒤숭숭했던 그때, 희망과 위로가 필요해서 〈행복의 나라로〉를 틀어달라고 했던 건 아니었을까? 요즘의 내란 시국을 보고 있자니 지금이라도 그 가게를 찾아가 〈행복의 나라로〉를 다시 듣고 싶어진다. 2천만 원짜리 스피커로.

그러나 이젠 갈 수 없다. 인상 좋은 오디오 덕후 사장님이 지병으로 돌아가셨기 때문이다. 별수 없이 핸드폰으로 〈행복의 나라로〉를 틀어놓고 나직이 따라 불러본다.

> 장막을 걷어라.
> 나의 좁은 눈으로 이 세상을 더 보자.
> 창문을 열어라.
> 춤추는 산들바람을 한번 또 느껴보자.
> (…)
> 광야는 넓어요. 하늘은 또 푸르러요.
> 다들 행복의 나라로 갑시다.
>
> – 한대수, 〈행복의 나라로〉

1절의 '나는 행복의 나라로 갈 테야'가 2절에서는 '다들 행복의 나라로 갑시다'로 끝나는 부분을 좋아한다. 다 같이 손잡고 가자. 행복의 나라로.

Track 2.

그날까지 전쟁은
어디에나 있는 거야

♬ \<War\> - Bob marley

    프레디 머큐리 하면 〈1985 LIVE AID〉 공연에서 '에- 오-' 하는 장면을 떠올리듯, 마이클 잭슨 하면 모타운 25주년 기념 콘서트에서 문워크를 처음 선보이는 장면을 떠올리듯, 아티스트의 이름을 들었을 때 떠오르는 상징적 장면이 없다면 그는 스타가 아니다. 적어도 내 기준엔 그렇다. 그런 의미에서 시네이드 오코너는 스타가 맞다. 그녀가 세상을 떠났다는 뉴스를 보자마자 떠오른 장면이 있었으니까. 아마 나 말고도 많은 사람이 그녀의 부고 소식을 듣고 그 사건을 떠올리지 않았을까 싶다.

    1992년, 밥 딜런 트리뷰트 콘서트. 시네이드 오코너가 무대에 오르자 장내의 거의 모든 사람이 야유를 퍼부었다. 특유의 삭발 헤어스타일로 여전사 분위기를 물씬 풍기며 무대에 오른 그녀였지만, 당황한 표정을 감추진 못했다. 그녀는 생각에 잠긴 표정으로 가만히 서서 관객을 응시한다. 연주 세션들이 난감한 상황을 모면하기 위해 눈치껏 연주를 시작했지만, 그녀는 연주 세션에게 음악을 멈추라고 손짓한다. 야유는 멈추지 않았다. 그녀를 소개해 준 크리스 크리스토퍼슨이 그녀에게 다가가 위로의 말을 건넸다. 보다 못한 피아노 연주자가 다시 연주를 시작했다. 그녀는 다시 음악을 멈춘다. 콘서트장 안에서는 관객의 야유 소리가 다른 모든 소리를 집어삼키고 있었다.

도대체 시네이드 오코너와 관객 사이에 무슨 일이 있었던 걸까? 2주 전, 새 앨범 홍보를 위해 출연했던 미국의 유명 TV 프로그램 〈Saturday Night Live〉가 사건의 발단이었다. 새 앨범 수록곡 대신 밥 말리의 〈War〉를 부른 그녀는 노래 후반부에 갑자기 교황의 사진을 찢으며 말한다.

"Fight the real enemy(진짜 적과 싸우자)."

성직자 아동 성추행 사건에 침묵하던 교단을 생방송에서 공개적으로 비난한 것이다. 방송 직후 방송국에는 수천 통의 항의 전화가 빗발쳤다. 소속사에는 살해 협박 편지가 이어졌고, 음반은 공개적으로 파쇄되었다. 이런 일을 겪으면 아티스트는 공개 활동을 자제하기 마련이다. 그러나 그녀는 예정된 일정을 이어갔다. 그렇게 사건 2주 후 올랐던 무대가 밥 딜런 트리뷰트 콘서트였다.

다시 콘서트장으로 돌아가 보자. 노래를 부른다 해도 들릴까 싶을 정도의 야유와 분노에 가득 찬 시선이 한 사람에게 꽂히고 있었다. 모든 비난을 받아내기에 그녀의 몸은 가냘파 보였다. 저 상황에서 공연을 마칠 수나 있을까?

바로 그때, 세기의 명장면이 탄생한다. 그녀는 세션에게 연주를 멈추라고 손짓한다. 뭔가 작심한 듯한 표정이다. 그녀가 부르기로 한 노래는 밥 딜런의 〈I believe in you〉였지만, 그녀는 밥 말리의 〈War〉를 부른다. 2주 전 모든 사건의 출발점이 된 그 노래를, 무반주로. 장내는 찬물을 끼얹은 듯 조용해진다. 노래를 마친 시네이드 오코너는 앞서 관객들에게 자신을 소개한 크리스 크리스토퍼슨의 품에 안겨 눈물을 흘린다. 그녀도 사람이었다. 이때, 음악은 모르핀이었다. 수많은 사람의 분노를 마비시키고, 야유를 침묵으로 바꾸고, 가수가 노래를 부르는 순간만큼은 눈물을 삼키게 만드는 모르핀 같은 힘이, 음악에는 있었다.

> 군중의 일원으로 누군가에게 돌을 던질 때 큰 용기는 필요하지 않습니다.
> 하지만 홀로 서서 누군가를 위해 목소리 내는 일은

때로 상상을 초월하는 용기를 필요로 합니다.

- 유튜브 채널 <루노라쿠스>의 시네이드 오코너 추모 영상 중

    군중 심리 위에 올라탄 분노와 비난, 멸시와 조롱이 가득했던 그 날, 유일한 승리자는 그녀였다. 그날 그녀가 불렀던 노래 〈War〉의 가사는 다음과 같다. 그녀는 가사 중 '인종 차별'은 '성적 학대'로, '우리 아프리카인'은 '어린이'로 바꿔 불렀다.

Until the philosophy which hold one race

Superior and another inferior

is finally and permanently discredited and abandoned

Everywhere is war, me say war.

어떤 인종은 우월하고 어떤 인종은 열등하다는 철학이

완전히 폐기되고 영원히 소멸할 때까지

전쟁은 어디에나 있는 거야.

That until there are no longer first class

and second class citizens of any nation

Until the color of a man's skin is of no more

significance than the color of his eyes

Me say war.

> 모든 나라에서 계급이 사라질 때까지,
>
> 인간의 피부색이 눈동자의 색보다 중요하지 않게 될 때까지,
>
> 나는 전쟁이라고 말할 거야.
>
> That until the basic human rights are equally guaranteed to all, without regard to race
>
> Dis a war.
>
> 인종과 관계없이 모든 인간에게 기본적인 권리가
>
> 동등하게 보장될 때까지 전쟁이라고 말할 수밖에.
>
> – Bob marley, 〈War〉

그녀는 노래의 힘을 빌려 울부짖었다. 지금 나에게 야유를 퍼붓고 있는 당신이야말로 인간의 기본권을 존중하지 않는 사람들이라고, 그러니 지금 이곳은 전쟁의 현장이라고, 이 전쟁터에서 내가 가진 건 마이크뿐이니 나는 마이크를 손에 쥐고 내 방식대로 싸우겠다고. 그녀다운 선택이 아닐 수 없다. 그녀의 결단력은 어디에서 나온 걸까?

답은 성장 환경에서 찾아야 할 것 같다. 어려서부터 부모의 사랑을 갈망했으나 끝내 사랑받지 못한 어린 시절, 구원을 갈망하며 찾아간 종교는 평생 치유할 수 없는 상처만 남

겼다. 음악적 재능을 인정받아 대중의 사랑을 받을 때도 특유의 반골 기질과 반항적 태도 때문에 늘 사회와 불화했다. 일생 말년에는 아들이 자살하는 비극도 겪었다.

이쯤 되면 사회와 담을 쌓을 만도 한데 그럴수록 목소리 없는 사람들을 위해 더 크게 목소리를 냈다. 사회에 헌신하고도 그에 걸맞은 보상을 받지 못한 사람을 위한 안식의 자리가 하늘에 마련되어 있다면, 그중 한 자리는 시네이드 오코너에게 돌아가야 할 것이다.

가수는 노래 가사를 따라간다는 속설은 자주 들어맞는 것 같다. 시네이드 오코너, 당신의 대표곡 제목(Nothing compares 2 U)처럼, 나는 당신을 누구와도 비교할 수 없다.

> **덧붙임**
>
> 시네이드 오코너는 <Nothing compares 2 U>를 부를 때 어머니를 떠올리며 부른다고 말했다. 그녀의 표정에서 어머니를 미워하면서도 그리워하는 애증의 마음을 읽을 수 있다. 이런 사연을 알고 들으면 다음 가사가 다르게 들릴 것이다.

All the flowers that U planted

Mama, in the back yard, all died when U went away

엄마, 뒤뜰에 당신이 심어놓았던 꽃들이요.

당신이 떠나자 모두 죽어버렸어요.

I know that living with U baby was sometimes hard

But I'm willing to give it another try

당신과 함께했던 삶이 때론 힘들었다는 거 알아요.

그래도 한 번 더 당신과 살아보고 싶어요.

Nothing compares to you

당신과 비교할 수 있는 건 아무것도 없으니까요.

- Sinead O'Connor, 〈Nothing compares 2 U〉

Track 3.

No one likes us, We don't care

♬ <Millwall FC 응원가> - Millwall FC 서포터스

* 2023년 교권 추락이 사회 이슈로 떠올랐을 때, 교사 커뮤니티에 시위 참가를 독려하며 쓴 글입니다.

***

혹시 밀월 FC라고 알아? 아마 들어본 사람 없을 거야. 잉글랜드 프리미어리그(EPL) 2부에 소속된 클럽이거든. 맨시티, 리버풀, 아스날, 맨유 등 1부에 세계적인 팀들이 즐비한데 누가 2부 팀을 응원하겠어? 그런데 왜 뜬금없이 밀월 FC 얘기를 꺼내냐고? 응원단이 진짜 멋있거든. 우리도 밀월 FC 서포터스한테 배울 점이 많을 거 같아서 떡밥으로 가져와 봤어.

[주의]
밀월 FC가 유명한 건 훌리건 때문이기도 해. 이들이 영화

〈훌리건스〉의 실제 모델이라는 썰이 있을 정도야. 절대 폭력적인 훌리건을 옹호하려는 건 아니야. 평범한, 하지만 비범한 대다수의 밀월 FC 서포터스에 대해 얘기하려는 거니까 오해는 넣어둬.

일단 유튜브에서 밀월 FC 응원 영상부터 검색해 보자.
"No one likes us. We don't care. We are Millwall, Super Millwall."
 가사랑 사람들 표정에서 뭐 느껴지는 거 없어? 난 밀월 FC 서포터스의 응원 장면을 보면 심장이 뜨거워져. 다른 수식어 필요 없고 일당백, 그냥 딱 일당백! 와, 나도 저기에 있고 싶다. 진짜 멋있다! 같은 걸 좋아하는 소수의 사람이 뭉쳤을 때 갖게 되는 끈끈한 유대감. 전우애나 동지애 비슷한 감정 있지? 다른 사람들이 외면할수록 더 똘똘 뭉치게 되는 그런 마음. 시간이 지나도 응원 영상의 잔상이 사그라들지 않아서 밀월 FC에 대해 뒷조사를 해봤어. 결과는? 결심했어. 나도 밀월 FC 팬 하기로.

이제 우리가 처한 상황에 응원가 가사를 대입해 보자. 일단 응원가 첫 문장을 봐봐.
No one likes us.

우리도 이미 알고 있지 않아? 선생님은 언제부턴가 공공의 적이 된 듯해. 어쩌다 이렇게 됐을까? 내 결론은 이래. 사람은 불행해지면 타인을 적으로 돌리게 되어있어. 내가 행복하잖아? 그럼 남 일에 관심 없어져. 남이야 뭘 하든 말든. 그런데 불행하면 어때? 남들 하는 거 별 게 다 꼴 보기 싫어지지. 언제부턴가 대한민국엔 울분이 공기처럼 깔려 있는 것 같아. 언제 터질지 모르는 시한폭탄 수백만 개가 사회 곳곳에 매설된 셈이지.

그럼 그 폭탄들이 누굴 노릴까? 직장 상사? 자기한테 갑질하는 사람? 시스템? 아니야. 그들은 자기보다 센 사람 앞에선 아무 소리 못 해. 그러니 자기보다 약한 사람한테 푸는 거야. 일베 같은 사이트에 약자 혐오가 판치는 이유이기도 하지.

그들에겐 선생님만 한 먹잇감도 없어. 학부모 앞에 우린 슈퍼 을이잖아. 갑질해도 당하고만 있어야 하는 사람, 무고성 아동학대로 고소해도 무고로 되받아칠 수 없는 유일한 직업. 게다가 학교는 무리한 요구를 해도 웬만하면 다 들어주잖아? 엉뚱하게도 그런 데서 효능감을 느껴버리는 것 아닐까? 사회 어디서도 내 얘기 들어주는 곳이 없는데 학교는 들어주는 척이라도 하니까.

솔직히 그런 사람들 보면 안타깝긴 해. 이들의 논리구조를 역추적하면 결국 한 문장에서 만나. 내 아이는 소중하니까 모두 내 아이가 불편함 느끼지 않게 맞춰주세요. 그럼 나는 묻고 싶어져. 그럼 다른 아이는 안 소중해요?

진심으로 이해가 안 돼. 백번 양보해서 평생 그렇게 자식 꽁무니 쫓아다니면서 자녀 앞에 있는 모든 장애물을 치워줄 자신 있다면 이해라도 하겠어. 나중에 군대도 따라갈 거야? 직장도 따라갈 거야? 하긴 요즘 그런 부모도 많다고 하더라마는. 됐고, 중요한 건 이 상황에서 우리가 취해야 할 태도야. 계속 당하고만 있을 거야? 이대로 가면 우리도, 선한 대부분의 아이들도, 10년 후엔 우리 이웃 모두 피해자가 될 텐데? 우리는 지금 상황에서 뭘 할 수 있을까? 아니, 뭘 해야 할까? 응원가 가사를 다시 봐봐. 답이 나와 있잖아!

We don't care. We are Millwall! Super Millwall!

지금 교실에서 일어나고 있는 일을 사람들은 몰라. 우리만 알지. 그러니 사회에 목소리를 내자는 거야. 이런 식으로 공교육 붕괴가 지속되면 우리나라에 미래는 없다고. 최소한 개념 안드로메다로 보낸 진상 학부모, 교육부와 교육청 정책 담당자, 일부 관리자의 보신주의⋯ 최소한 이 정도는 싸울 수 있잖아? 우리가 돈이 없지 가오가 없냐?

'난 다른 사람에게 싫은 소리 못해요.' 이런 사람 왜 안 나오나 했다. 그러면 노조라도 들어. 입 열기 싫으면 지갑이라도 열라고. 조금 더 용기 내면 다른 사람이 싸울 때 추임새 정도는 넣어줄 수 있지 않을까? 싸우는 방법은 사람 숫자만큼 많아. 각자의 방식으로 싸우면 돼. 아무것도 못 하겠으면 앞에서 짱돌 들고 싸우는 사람들 뒤에서 응원이라도 해줘. 여기서 짱돌은 진짜 짱돌이 아니고 마음의 짱돌을 말하는 거니까 오해는 말아줘. 나 그렇게 과격한 사람 아니야. 앞에서 싸우는 사람들도 뭘 바라고 그러는 거 아니야. 그런데 그 사람들 도와주지는 못할망정 뒤에서 이러쿵저러쿵 해대면 싸울 맛 나겠어?

다시 밀월 FC 얘기로 돌아가 보자. 영국 한복판에서 극단주의 테러리스트 3명이 칼로 시민을 테러하는 사건이 있었어. 다들 혼비백산해서 도망가던 그때, 길을 지나가던 할아버지 한 분이 칼 든 테러리스트에게 달려들었어. 그것도 맨손으로. 결국 칼 여덟 방 맞고 쓰러지셨지. 그때 할아버지가 외친 말이 뭔 줄 알아? 나 이거 듣고 할아버지 팬 됐지 뭐야.

"Fuck! I'm Millwall!"

결국 할아버지는 손을 크게 다쳐서 병원에 입원했어. 그 소식을 듣고 밀월 FC 서포터스에서 십시일반 돈을 모아 할아버지 병원비를 대줬대. 진짜 너무 멋있지 않아? 너네 자꾸

이러면 나도 밀월 FC 서포터스 가입한다?

 이 할아버지의 이름은 로이 라너. 이 소식을 들은 스웨덴 맥주 회사는 로이 라너 헌정 맥주를 출시하기도 했대. 이 맥주 회사 상술 쩐다고 말하려다가 맥주 판매 수익금을 로이 라너 치료비에 보냈다는 뉴스를 듣고 속세에 때 묻은 나를 반성했어. 덕분에 인류애 충전 좀 했다.

 신기하게도 밀월 FC 서포터스엔 팀이 1부로 승격하는 걸 반기지 않는 팬이 많대. 1부로 승격되면 외부에서 어중이떠중이들이 유입된다나? 이기는 팀을 좋아해서 응원했다면 자기는 벌써 1부 빅클럽으로 갈아탔을 거래. 자기들은 밀월 FC라는 커뮤니티 자체를 좋아하는 거라고. 그러니 지금이 딱 좋다고.

 진짜 이런 팀에서 선수로 뛴다면 몸이 부서져라 뛸 것 같지 않아? 나도 이런 팀에서 뛰어보고 싶다. 우리라고 못 하란 법 있어? 일단 나부터 싸워볼게. 다들 이번 주 토요일 시위는 참가할 거지? 나 제주도에서 올라간다. 물 들어올 때 노 저어야지. 짱돌 들고 필드에서 만나자. 조금 전에도 말했지만 여기서 짱돌은 마음의 짱돌을 말하는 거야. 설마 진짜 짱돌 들고 오는 사람은 없겠지?

6.

때가 되면 다시 필 걸

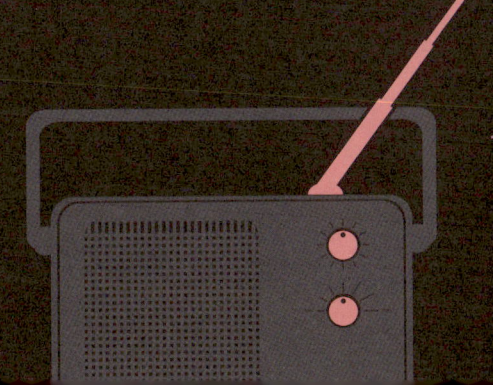

꽃잎은 시들어요.
슬퍼하지 말아요.
때가 되면 다시 필 걸
서러워 말아요.

- 김정호, <하얀 나비>

Track 1.

사기꾼 K에게 감사하는 이유

♬ \<Good riddance\> - Greenday

내 나이 서른하나, 워킹 홀리데이 막차 타고 호주로 떠난 적 있다. 그땐 몰랐다. 그곳에서 인생 사기꾼을 만나 큰 빚을 지게 될 줄, 나이 서른에 인생 난이도를 최고난도로 올려놓고 남은 인생을 시작하게 될 줄, 귀국 후 5년 만에 빚을 다 갚고 나이 마흔엔 그 사기꾼에게 감사하게 될 줄.

서른까지 모아놓은 돈 5천만 원을 올인한 투자. 투자의 기대 수익은 1년의 휴식과 그곳에서 얻게 될 다양한 경험이 전부였다. 사람들은 말렸다. 지금 돈 모아놓아야 한다고, 결혼 초기에 돈 모아놓지 않으면 나중에 후회한다고. 사람들의 애정 어린 조언을 들을 때마다 유심히 듣는 척했지만, 결심을 막을 만한 이유는 찾지 못했다. 그때마다 웃으며 대답했다.

"나중에 후회할지 안 할지는 그때 가서 확인해 볼게요. 그런데 지금 떠나지 않으면 지금 당장 후회할 것 같아서요."

그들의 조언에도 일리는 있었다. 나는 아내의 유학 휴직에 따른 동반 휴직이었기 때문에 월급 한 푼 나오지 않았다. 동반 휴직은 호봉 인정도 되지 않으니 귀국 후엔 동기들보다 1호봉 적은 월급을 받게 될 터였다. 그렇다고 딱히 걱정되진 않았다. 나는 어떤 상황이 닥쳐도 최소한 후회는 안 할 사람이라는 걸 그때도 알고 있었다.

막상 호주 생활을 준비하려니 막막한 게 한둘이 아니었다. 그때 우리에게 접근한 여인이 있었다. 사기꾼 K. 당신이 대한민국에 살면서 한 번도 사기를 안 당해봤다면 그것은 진짜 사기꾼을 아직 못 만나봤기 때문이다.

단언컨대 K는 지금껏 살면서 만난 사람 모두를 통틀어 가장 말빨이 좋은 사람이었다. 말이 청산유수처럼 흘러나왔다. 대화의 완급조절도 완벽해서 대화하다 보면 시간 가는 줄 모르고 빠져들었다. 물론 나는 그런 말빨 따위에 현혹되는 사람이 아니다. 인간에 대한 기대치가 없기 때문에 웬만하면 사람을 믿지 않는다.

그런데 왜 K는 믿었냐고? 그녀를 나에게 소개해 준 고모가 그녀의 어머니에겐 생명의 은인 같은 존재이기 때문이었다. 상상해 보자. 내 어머니에게 생명의 은인 같은 분이 있는

데 그 조카가 내가 사는 나라에 유학생으로 온다? 이거야말로 은혜를 갚을 절호의 찬스 아닌가? 나라면 두 발 벗고 공항에 나가 픽업부터 해 주겠다. 결과적으로 그녀는 내가 그녀를 믿을 수밖에 없는 상황을 역이용해 뒤통수를 후려쳤다.

사실 K가 뒤통수쳤다는 사실을 깨닫고 나서 돈을 되돌려 받을 방법이 없는 것도 아니었다. 그해 여름, 잠깐 한국에 들렀을 때 K의 부탁으로 K 어머니의 허드렛일을 처리해 준 적 있다. 이 말인즉슨, 그녀의 한국 집 주소를 알고 있다는 뜻이다. 나는 K가 나에게 사기를 쳤다는 사실을 깨달은 직후, K의 어머니를 찾아가 당신 딸이 내 돈 들고 튀었다고 말할 수도 있었다. 문제는 그제야 소름 끼치는 사실을 깨달았다는 것이었다. K는 처음 접근할 때부터 이미 나에 대한 모든 걸 파악하고 접근했던 것 같다. K의 속마음은 아마 이랬을 것이다.

'얘는 내가 돈 들고 튀어도 깽판 치지는 못할 애구나. 좋아, 걸려들었어.'

아직도 K가 처음 우리를 도와준다며 접근했을 때 했던 말이 귓가에 맴돈다.

"내가 외국에서 오래 살아봤잖아. 외국에서는 한국 사람을 제일 조심해야 해."

다시 본 주제로 넘어가자. 나는 왜 이제 와 사기꾼 K에게 감사하는가? 2013년의 어느 밤을 기억한다. 이메일을 통해 사기꾼 K와 연락이 닿았다. 그날 확실히 깨달았다. 돈을 돌려받을 확률은 제로에 가깝다는 것을. 그때의 나는 돈을 극단적으로 아끼는 사람이었다. 점심값 몇천 원도 아까워하는 사람이 수천만 원의 돈을 날렸으니 얼마나 상심이 컸겠는가?

답답한 마음에 집 밖으로 뛰쳐나갔다. 밤공기가 차가웠다. 살면서 담배를 피우고 싶다는 생각을 그때 처음 했던 것 같다. 아, 이럴 때 사람들은 담배를 피우는구나. 담배라도 피우면 좀 나아지려나? 술이라도 마시면 마음이 좀 편해질까? 아니야. 술 마시면 나만 힘들어져. 난 억울한 피해자일 뿐인데 왜 내가 힘들어야 해? 화가 가라앉지 않자 심호흡을 했다. 시원한 공기가 폐부까지 들어왔다 나가니 마음이 조금 가라앉았다.

현실을 되돌릴 순 없어. 후회하지 말자. 후회는 호주에서의 행복했던 기억마저 덮어버릴 거야. 단지 운이 없었을 뿐이야. 레슨비 낸 셈 치자. 일단 빚부터 갚자. 언젠가 오늘을 떠올리며 웃게 될 날이 올 거야. 마음 다잡고 집으로 돌아오며 즐겨 부르던 노래를 흥얼거렸다.

> It's something unpredictable, but in the end it's right
> I hope you had the time of your life
> 예측할 수 없지만, 결국엔 그게 옳아요.
> 당신이 행복한 삶을 살았기를 바랍니다.
>
> - Greenday, 〈Good riddance〉

그린데이가 공연 때마다 마지막 앙코르곡으로 부르는 이 노래는 지금도 미국 학교의 졸업식에서 가장 많이 불리는 노래로 손꼽힌다. 시신 해부를 앞둔 의대생들이 시신을 앞에 두고 부르는 노래이기도 하다. 나는 지난날의 나를 관짝 안에 넣어 두고 새로 태어날 나를 다짐하며 이 노래를 불렀다. 앞으로 뭐든 해낼 수 있을 것 같은 자신감이 샘솟았다.

그로부터 10년이 흘렀다. 이제 나는 그때의 일을 웃으며 회상한다. 심지어 사기꾼 K에게 진심으로 감사한다. 나를 좀 더 나은 사람으로 만들어 준 데 대해. 다만 K가 이 글을 보고 있다면 이 얘기는 꼭 해주고 싶다.

사기꾼 K. 잘 지내고 있나요? 지금도 해외 어딘가를 전전하며 살고 있겠죠? 이젠 나이도 꽤 들었겠네요. 제 편지 보니까 뜨끔하시죠? 이제 전 당신을 미워하지 않아요. 다 지난 일이고 지금 전 당신보다 훨씬 행복하게 살고 있으니까요. 다만 이 말은 꼭 해주고 싶어요.

외국에 나가면 한국 사람부터 조심하라는 그 말, 또 누군가에게 하고 있지는 않나요? 사람의 선한 마음을 악용해서 사기 칠 계획을 꾸미고 있진 않나요? K, 그러면 안 된다는 거 누구보다 잘 알잖아요. 이제 전 당신을 떠올리면 연민부터 느껴요. 어려서부터 객지 생활하느라 힘들었을 텐데 이젠 제대로 살 때도 됐잖아요? 이왕 태어난 거 남한테 피해 주지 말고 행복하게 살다 가요.

아, 마지막 인사를 빼먹었네요. 이번 생에 다시는 만나지 맙시다.

Track 2.

우연히 그때
비구름을 통과하고 있었을 뿐

♬ \<Why does it always rain on me\> - Travis

제주도에 살다 보면 날씨 때문에 신기한 경험을 할 때가 많다. 어제 일어난 일도 그랬다. 아이들과 물놀이를 갔는데 갑자기 폭우가 쏟아졌다. 놀고 있을 때 비가 오면 아이와 어른의 차이는 선명히 드러난다. 놀다가 비가 쏟아질 때 더 신나서 날뛰면 아이고, 그런 아이가 걱정되면 어른이다.

그날은 걱정거리가 좀 달랐다. 비가 올 거란 생각은 1도 못 하고 열어둔 창문이 문제였다. 지금이라도 집에 가야 하나? 집은 차로 30분 거리에 있었다. 현실적인 판단을 하자. 지금 집에도 비가 내리고 있다면 수습은 이미 늦었다. 내가 할 수 있는 거라곤 지금 내리는 이 비가 소나기이길 바라는 것뿐이었다. 소나기야, 제발 우리 동네는 가지 말아 주렴.

문제는 이 비가 소나기 같지 않다는 사실이었다. 삼십 분 전 한라산 쪽에 있던 먹구름이 사방으로 퍼져나가고 있었다.

잠시 후엔 우리 집 창문 안으로 빗물이 들이치겠구나, 쉽게 예상할 수 있었다. 하늘의 뜻을 어찌 거역하겠는가? 이미 엎질러진 물. 수습은 집에 가서 하기로 하고 바닥에 드러누워 잠이나 잤다.

한 시간 후, 더워진 느낌이 들어 잠에서 깼더니 비는 그쳐있었다. 조금 전 내린 건 비가 아니라 기름이었던가? 세상은 마치 뜨거운 프라이팬에 식용유를 부은 것처럼 달궈져 있었다. 하늘은 거짓말처럼 개어있었고, 자리를 정리하고 집에 갔더니 비는커녕 수분의 흔적조차 찾을 수 없었다. 모든 것이 꿈이었던가. 하도 신기해서 다른 동네에 사는 친구들에게 물어봤더니 자기네 동네엔 비 한 방울 내리지 않았다고 했다.

알고 보니 낮에 내가 있던 그 동네에만 비가 내렸던 것이었다. 제주도에 살다 보면 이런 일을 자주 겪게 된다. 제주시에는 비가 오는데 서귀포는 햇볕이 쨍쨍하다든지, 지금 우리 동네는 햇빛이 비치고 있는데 옆 동네는 폭우가 쏟아지고 있다든지 하는 일들. 어려서부터 이런 일을 자주 겪다 보니 마음속에 귀여운 소망을 품게 되었다. 날씨의 경계 위에 서 보고 싶다는.

지금 우리 동네에 비가 내리는데 바로 옆 동네에 햇빛이 쨍쨍하다면, 분명 어딘가에는 날씨의 경계가 있을 것이다. 그 경계를 기준으로 왼쪽에는 비가 오고 오른쪽에는 해가 비치는 그런 경계. 그 경계에 서서 몸의 절반은 비를 맞고 남은 절반은 해를 맞고 싶다는 만화 같은 상상. 물론 현실에서는 그런 순간을 만나기가 쉽지 않다. 비 오는 날, 토네이도 경로를 쫓는 기상학자처럼 온 동네를 뛰어다니며 비와 해의 경계를 찾아다닐 수는 없는 노릇이다. 그러던 어느 날 실제 그런 일이 일어났으니, 지금도 그날을 떠올리면 그때의 환희가 되살아남은 물론이다.

그날 나는 차를 타고 제주시에서 서귀포로 가고 있었다. 새별 오름을 지날 즈음 폭우가 쏟아졌다. 저 멀리 대정 쪽을 보니 햇살이 쏟아지고 있어서 소나기인가 보다 했다. 오늘 날씨 참 희한하네. 무심히 운전하고 있는데, 백여 미터 앞 도로 위로 희미한 선이 보였다. 신기한 건 그 선 뒤로 햇살 가득한 세상이 펼쳐지고 있다는 사실이었다. 설마 저기가 비와 해의 경계? 심장이 콩닥대는 걸 느꼈을 땐 이미 그 경계를 통과하고 있었다. 워낙 갑작스레 일어난 일이라 놀라지도 못했다. 잠시 후, 햇빛 쏟아지는 유리창을 부지런히 닦고 있는 자동차 와이퍼를 보고 나서야 조금 전 해와 비의 경계를 통과했음을 깨달았다. 나도 모르게 외마디 감탄사가 튀어나왔다.

와—

올림픽 100m 결승선처럼 선명한 꿈의 라인을 그렇게 통과했다. 삶이 뜻대로 풀리지 않을 때마다 Travis의 노래 제목 (Why does it always rain on me)처럼 왜 나한테만 비가 내리냐며 푸념했던 나를 반성했다. 스스로 해가 비치는 곳을 찾아가면 될 것을 왜 그리 세상 탓 남 탓하며 살았던가?

세상일이 뜻대로 안 풀릴 땐, 내 삶에만 먹구름이 잔뜩 낀 것처럼 느껴질 땐, 스스로 그곳을 벗어나면 될 일이다. 비 맞기 싫을 땐 우산 들고 찾아가자. 해가 비치는 옆 동네로. 다시 말하지만, 비는 한 번도 날 따라다닌 적 없다. 우연히 그때, 내가 비구름 아래를 통과하고 있었을 뿐.

> Why does it always rain on me?
> Is it because I lied when I was seventeen?
> Why does it always rain on me?
> Even when the sun is shining
> I can't avoid the lightning
>
> 왜 비는 나만 따라다니나요?
> 열일곱 살 때 했던 거짓말 때문인가요?
> 왜 비는 나에게만 내리나요?
> 햇빛 쨍쨍한 날에도 나는 벼락을 피할 수 없네요.
>
> - Travis, 〈Why does it always rain on me〉

Track 3.

잡음을 없애는 방법

♫ <평정심> - 9와 숫자들

 헤드폰에서 잡음이 들린다. 헤드폰 이음매에서 생기는 마찰음 같은데 소리가 영 귀에 거슬린다. A/S 맡기기도 애매한 게 늘 잡음이 들리는 것도 아니다. 음악에 몰입할 땐 잡음이 들리지 않는다. 비유하자면, 이건 이소라의 스튜디오 앨범 속 들숨소리 같은 거다. 내가 들으려고 의식해야만 들리는 소리, 음악에 집중하면 들리지 않는 소리. 헤드폰 잡음은 헤드폰 기기가 만들어낸 마찰음인 동시에 내 마음이 일으킨 소음이기도 한 것이다.

 삶의 방식이 평범치 못하다 보니 내 인생에도 잡음이 많이 낀다. 노후를 대비하려면 지금 나이에 얼마를 벌어놓아야 한다느니, 늙어서 고생 안 하려면 젊어서부터 재테크를 해야 한다느니 하는 잡음들.

 나는 그들의 조언을 따를 생각이 없다. 현실의 뼈를 갈아

미래의 안식을 도모하는 전략은 나와 맞지 않는다는 걸 일찍이 깨달아버렸기 때문이다. 애초에 그런 조언을 들어 먹을 사람이었다면 정년 보장되는 안정된 직장에 명예퇴직을 신청하지 않았을 것이다. 다시 음악의 힘을 빌려보자. 이소라에게 청자를 음악에만 집중케 하는 힘이 있듯, 삶의 잡음을 줄이는 방법도 있지 않을까.

주어지지 않은 것에 불평하지 않고 주어진 것에 감사하기, 보이지 않는 것에 불안해하지 말고 눈앞에 보이는 것을 즐기기, 바꿀 수 없는 것에 집중하지 않고 바꿀 수 있는 것부터 바꿔나가기, 가끔 내가 걷는 길이 내 길이 맞는지 확인하기, 걷기 편한 길만 기웃거리지 않기, 길이 없으면 새로 길 내어보기, 내 발자국을 따라올 누군가를 위해 발걸음은 조심스럽게 내딛기, 뒤돌아보지 않기, 너무 멀리 보지 않기, '지금, 여기, 이 순간'에 집중하기.

잡음은 없앨 수 없다. 그러나 듣지 않을 수는 있다. 지금 내게 필요한 건 평정심이다. 편안한 마음으로 지금에 집중하는 힘. 내 마음속 잡음을 지우는 부드럽고 단단한 마음.

> 평정심-
>
> 찾아 헤맨 그이는 오늘도 못 봤어.
> 뒤섞인 감정의 정처를 나는 알지 못해.
>
> 비틀비틀 비틀비틀 비틀거리네.
> 울먹울먹 울먹이는 달그림자 속에서
> 역시 내게 너만 한 친구는 없었고,
> 또다시 난 슬픔의 품을 그렸어.
>
> — 9와 숫자들, 〈평정심〉

헤드폰 A/S는 맡기지 않기로 했다. 문제는 헤드폰 이음매가 아닌 내 마음에 있었으므로.

Track 4.

가자, 우리만 아는 그곳으로

♬ <Somewhere only we know> - Keane

    직장과 헤어질 결심을 굳혔다. 더 늦어지면 생의 끝에 후회할 거란 확신이 들었다. 퇴직금을 검색해 봤다. 이 돈으로 40대 중반에 시작할 수 있는 일이 뭐가 있을까? 딱히 떠오르는 게 없었다. 1급 정교사 자격증은 워드프로세서 자격증보다도 쓸모없었다. 교대 졸업 타이틀은 사실상 고졸 타이틀과 다름없었다. 아, 이래서 선생님들이 그만두고 싶단 말을 입에 달고 살면서도 그만두지 못하는 거구나.

    선택지는 하나뿐이었다. 사업. 그러나 사업은 위험 부담이 컸다. 나에게 가족이 없었다면 아마도 세상에서 가장 쉬운 선택이었을 창업 플랜은 가장으로서 책임져야 할 가족 때문에 세상 어려운 결정이 됐다. 사업은 하이 리스크, 하이 리턴이다. 일이 잘 안 풀렸을 때의 후폭풍을 나 혼자 감당하는 건 별문제가 아닌데, 가족이 있으면 내가 들고 온 짐을 가족이 나눠 짊어져야 한다. 두 딸을 생각할 때마다 긍정 회로의 불은 자주 꺼졌고, 부정 회로의 불은 상시 대기 상태로 전환되었다. 사업이 잘됐을 때 펼쳐질 일보다 사업이 망했을 때 덮칠 일들이 자주 떠올랐다.

가끔 "저는 사업에 열 번 실패했는데 열한 번째 성공했어요. 여러분도 할 수 있어요." 따위의 인터뷰를 하며 자신의 성공을 미화하는 사람을 본다. 그건 그에게 그만큼의 돈이 있었기 때문에 가능한 일이다. 여러 번 실패해도 다시 일어설 수 있을 만큼의 돈. 아마도 그 돈은 부모한테서 왔을 것이다. 안타깝게도 대부분의 사람에겐 그런 기회가 없다. 대한민국엔 패자부활전이 없다.

그때 떠오른 대안이 여행사였다. 여행사 창업은 큰돈이 들지 않는다. 1인 여행사는 더 그렇다. 대학 때부터 지인들을 데리고 여행을 떠나곤 했다. 그때마다 사람들이 여행사를 만들어보라고 말해줬던 게 떠올랐다. 나 또한 좋아하는 사람들을 데리고 여행 다니는 걸 좋아했다. 여기서 방점은 '좋아하는 사람들을 데리고'에 찍힌다. 나는 내가 좋아하는 사람들과 여행 갔을 때 행복한 사람이지, 그날 처음 보는 사람들과 여행 갔을 때도 행복한 사람은 아니었다. 여행사 예행연습 투어를 떠나 보고 얻은 깨달음이다.

231

시도 자체가 의미 없진 않았다. 여행사 컨셉이 '제주의 숨은 여행지를 보물찾기하듯 찾아다니는 여행사'였다 보니 새로운 여행지를 많이 알게 되었다. 가끔 사람들이 묻는다. 숨은 여행지는 어떻게 찾냐고. 간단하다. 포털사이트나 SNS에 '제주의 숨은 명소', '제주의 히든 플레이스' 같은 키워드를 넣어보면 된다. 물론 위치까지 알 수는 없다. 제주에는 나처럼 숨은 여행지만 찾아다니는 무림 고수들이 많은데, 그들도 위치만큼은 공개하지 않는다. 상관없다. 사진과 키워드를 단서로 직접 찾아 나서면 된다.

찾는 방법은 간단하다. 예를 들어 장소 소개 글에 '도순천, 상류, 자연휴양림 근처'라는 키워드가 있으면 구글 위성 지도부터 확인한다. 도순천 이쯤에 있겠구나 추정되면 추정 위치에서 멀리 떨어진 곳부터 한라산 방향으로 거슬러 올라간다. 그러다 보면 사진으로 봤던 곳이 짠- 하고 나타날 때가 있다. 언제부턴가는 곧 그곳이 나오겠구나 하는 촉도 생겼다. 그때마다 귀에서 자동 재생되는 피아노 반주가 있었다.

딴딴딴따 딴딴딴따 딴딴딴 딴 딴따다-

이 피아노 반주는 여행지 발견 직전의 설렘을 최대치로 증폭시키는 마법의 주문이었다. 피톤치드를 양껏 들이마신 듯한 보컬의 청명한 미성이 흘러나오는 가운데 내가 머릿속으로만 그렸던 장소가 눈 앞에 펼쳐질 때, 머릿속에서는 도파민과 세로토닌의 축제가 펼쳐졌다. 나중에는 포인트 발견 직전에 이 노래를 BGM으로 깔아놓았다. 포인트 발견을 자축하는 나만의 세레모니였다. 이 노래는 제목부터 〈Somewhere only we know〉인 것이, 내가 꿈꾸는 여행사의 컨셉과도 잘 맞아떨어졌다.

> I felt the earth beneath my feet
> Sat by the river and it made me complete
> 내 발밑의 땅을 느끼며,
> 강가에 앉아 있으면 영혼이 충만해지는 기분이었어.
> (…)
> So why don't we go
> Somewhere only we know
> 우리 같이 가보는 게 어떨까?
> 우리만 아는 그곳으로 말이야.
>
> - Keane, 〈Somewhere only we know〉

여행사 창업 플랜은 한여름 밤의 꿈으로 끝났지만, 이후에 반전이 일어났다. 인터넷에서 사람들을 모집해 여행사 예행 연습 투어를 진행했다는 소식을 듣고 자기는 왜 안 데려가냐는 사람들이 나타났다. 이렇게 좋은 여행 코스가 있으면 인터넷에서 모르는 사람들을 모아서 테스트하기 전에 나부터 불러야지. 이게 그들의 한결같은 논리였다. 좀 늦은 감이 있습니다만 지금이라도 함께 떠나보실라우?

'우리는' 뒤늦게 여행을 떠났다. 코스 중간에 나도 몰랐던 샛길로 빠졌다가 더 예쁜 여행지를 발견하기도 하고, 점심시간에 수다를 떨다가 두 시간이 지나버려 다음 여행지를 건너뛰기도 했다. 예정대로 흘러가지 않는다고 걱정할 필요 없었다. 다음에 또 가면 되니까. 이토록 낭만 뿜뿜한 여행사라니.

다음 여행에서는 여행지 등장 직전에 〈Somewhere only we know〉를 깔아줘야겠다. 새로운 장소를 발견했을 때의 설렘을, 우리만 아는 어딘가를 찾아간다는 두근거림을, 우리만 아는 곳을 공유하고 있다는 뿌듯함을, 내가 사랑하는 사람들에게 전해주고 싶다. 그럴 수 있다면 내 꿈은 이미 이루어진 것이나 다름없다. 사업자 등록만 안 했다 뿐이지, '날마다 소풍'은 여전히 내가 경영하는 여행사다. 주제가는 물론 〈Somewhere only we know〉이다.

Track 5.

다가와, 있는 그대로의 네 모습 그대로

♬ \<Come as you are\> - Nirvana

TV 다큐멘터리 출연 제안을 받은 적이 두 번 있습니다. 한 번은 캠핑카에서 사는 동안, 또 한 번은 첫 책 출간 직전에 제안을 받았습니다. 결론부터 말하자면 두 번 다 거절했습니다만, 솔직히 둘 다 솔깃한 제안이었습니다. 그때나 지금이나 제 장래 희망 중 하나는 여행 작가이고, 유명해지면 출간이 쉬워진다는 사실을 그때도 알고 있었으니까요.

첫 번째 제안을 주신 분은 TV 다큐멘터리 프로그램의 작가님이셨습니다. 캠핑카에 살던 시절, 가끔 브런치에 글을 쓰곤 했는데 제가 쓴 글을 보고 궁금증이 생겨 연락했다더군요. TV의 영향력이 예전만 못하다 해도 TV는 TV입니다. 단 몇 분일지라도 한 인물의 삶에 스포트라이트를 비추는 프로그램이라면 후폭풍이 꽤나 크겠죠. 문제는 그 후폭풍이 나에게 어떤 영향을 미칠지 가늠할 수 없다는 것이었습니다. 고심 끝에 다큐멘터리 출연을 제안해 주신 작가님께 답장을 보냈습니다. 핵심은 간단했습니다. '지금 행복합니다. 다른 변수를 만들고 싶지 않습니다.' 행복이 기본값이던 시절이었죠. 답장을 보내고 나서도 후회는 없었습니다.

두 번째 제안은 이야기가 조금 달랐습니다. 출판사에서 책 홍보 목적으로 제안한 것이었기 때문에 홍보에 이보다 좋은 기회가 있을까 싶더군요. 게다가 작가님이 출연을 제안한 프로그램은 이름만 대면 전 국민이 알만한 프로그램이었습니다. 어떤 결정을 내려야 할까요? 저는 결정했습니다. 가장 나다운 길을 나답게 걸어가기로.

어떤 결정을 했는지 힌트를 드리기 위해 잠시 자기소개 시간을 갖겠습니다. 뜬금없이 웬 자기소개냐고요? 제가 방금 가장 나다운 길을 나답게 걸어가기로 결정했다고 했죠? 나다운 결정이 뭔지 알려면 제가 어떤 사람인지부터 알아야겠죠?

어린 시절, 저는 극도로 내성적인 아이였습니다. 학교 전학 가면 보통 선생님이 자기소개 시키잖아요? 그때 우는 아이가 저였어요. 존재감은 제로였죠. 그러던 저는 고등학교 3학년 어느 날, 18년간 잠자고 있던 제 안의 관종 DNA를 깨우게 됩니다. 대한민국 국민이라면 대부분 공감하시겠지만, 수업이란 게 참 재미없습니다. 이렇게 날씨 좋은 날 나는 왜 딱

딱한 의자에 앉아 미적분이나 풀고 자빠졌나 하는 생각이 절로 듭니다. 그러다 보면 나도 모르게 눈이 스르르 감깁니다. 졸음 바이러스는 금세 교실 전체로 퍼져나갑니다. 그럴 때 센스 있는 선생님은 학급의 분위기 메이커를 호출하곤 했습니다.

"다 자? 여기가 호텔이야, 뭐야? 나와서 웃겨볼 사람?"

이럴 때 늘 나와서 웃기던 친구가 있었는데 그날따라 피곤했는지 안 나가더군요. 다들 누군가 나가서 시간을 때워주길 기대하고 있었습니다. 그때 손을 드는 학생이 있었으니 바로 저였습니다. 이때 왜 손을 들었는지는 아직도 미스터리입니다. 교실 안에 있던 모두가 놀랐지만 가장 놀랐던 건 저였습니다. 교실 앞으로 뚜벅뚜벅 걸어가는 동안 친구들 모두가 의아한 표정으로 절 바라보는 게 느껴졌습니다. 잘할 수 있을까?

결과는 대성공이었습니다. 되지도 않는 개인기를 마구 방출했는데, 본래 얌전하던 애가 갑자기 돌변하면 재밌잖아요? 그날 이후로 저는 조용히 공부만 하는 아이에서 수업이 지루할 때 부르는 우리 반 구세주로 신분이 바뀌었습니다. 쉽지만은 않았습니다. 사람들의 기대치는 올라가고 개인기는 떨어져 가고. 나중엔 정체성 혼란도 찾아왔습니다. 내성적이고 혼자 있기를 좋아하는 나, 다수의 청중 앞에서도 떨지 않고 무대에 올라갈 수 있는 나. 어느 게 진짜 나일까?

제가 내린 결론은 다음과 같았습니다. 외향적인 나가 진짜 나다. 그렇게 믿고 살았습니다. 대학교 OT 첫날, 입학생 전체를 대상으로 한 베스트 새내기 선발대회에서도 당당히 1등을 차지했습니다. 눈 떠보니 인싸 새내기가 되어있더군요. 솔직히 피곤했습니다. 사람 모이는 자리면 늘 개인기를 준비해야 했죠. 그래도 괜찮아. 난 외향적 인간이니까. 이렇게 스스로 위로하며 대학 시절을 보냈던 것 같아요. 그렇게 20대 내내 외향적 성격으로 살았어요.

뭔가 이상하다 느낀 건 서른이 넘어서였어요. 서른 중반에 책과 글쓰기라는 세계를 만나게 됩니다. 어떤 게 진짜 나일까? 진짜 나는 어떤 사람일까? 나는 뭘 할 때 행복한 사람일까? 사람들하고 어울려 놀 때? 무대에 올라가서 장기 자랑을 할 때? 아니었어요.

혼자 좋아하는 음악을 들으며 걸을 때, 미지의 세계를 향해 홀로 모험을 떠날 때, 새로운 목표에 도전하고 내가 목표한 바를 이뤘을 때, 목표가 눈앞에 가까워짐을 느낄 때, 지적 호기심을 느끼고 이를 해결했을 때, 좋아하는 작가의 책을 읽을 때, 좋아하는 감독의 영화를 볼 때, 좋아하는 뮤지션의 음악을 들을 때, 글을 쓸 때…

그때 깨달았습니다. 언젠가부터 사람 많은 곳을 피해 다녔던 이유를. 하루에 한두 시간씩 혼자 걸으며 나와 대화하는 시간을 가졌던 이유를. 저는 사실 내향적 인간에 가까웠던 거죠. 작가님께 말씀드렸습니다. 죄송하지만 방송 출연은 못 하겠다고요. 책을 홍보할 좋은 기회였는데 아쉽지 않냐고요? 아쉽지 않습니다. 책을 홍보할 기회를 잃은 대신 '있는 그대로의 나'로 살 수 있는 특권을 누리고 있으니까요.

커트 코베인이 말했습니다.

"다른 누군가가 되어 사랑받기보다는 있는 그대로의 나로 미움받는 게 낫다."

저는 있는 그대로의 나로, 사랑도 받아보도록 노력해 보겠습니다. 커트 코베인 얘기가 나와서 말인데, 저는 지금도 너바나의 〈Come as you are〉 전주만 들으면 심장이 두근댄답니다. 전주 뒤에 이어지는 첫 가사를 들을 때마다 피의 온도가 0.5도쯤 뜨거워지는 것 같습니다.

> Come as you are
> 내게 다가와, 있는 그대로의 네 모습 그대로
>
> – Nirvana, 〈Come as you are〉

왠지 'Come as you are' 뒤에 '내가 꼬옥 안아줄게'라는 가사가 따라올 것 같지 않나요? 사랑하는 사람이 제 눈을 보며 이 노래를 불러주면 제 심장은 멈춰버릴지도 모릅니다. 너무 설레어서. 그러니 제 앞에서 이 노래를 부를 생각이라면 심장 자동제세동기도 준비해 주시길 바랍니다.

> **덧붙임**
>
> 언젠가 이 책이 세상 밖으로 나오게 된다면, 해 질 녘 경치 좋은 곳에 사랑하는 사람들을 모아놓고 시원한 맥주 한잔하며 북토크하는 상상을 해봅니다. 너무 김칫국 한 사발 드링킹인가요? 상상은 자유니까요. 북토크 이름은 이미 정했습니다.
> <Come as you are>
>
> 그날 그곳으로 오세요. 있는 그대로의 당신 모습 그대로.

내 마음이 가는 대로

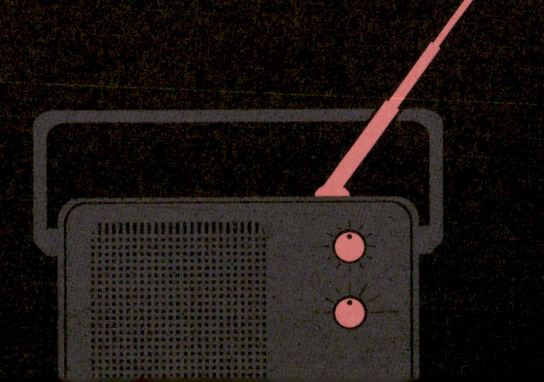

어린 시절들은 두근거렸지만
이제는 그럴 때가 아니라고 말을 하네.
매일 밤 궁금한 게 많아 밤잠을 설쳤지.
이제는 가슴이 답답해서 잠을 설치네.

(…)

이제라도 다시라도 하고 싶은 대로
멋대로 살자.
내 마음이 가는 대로.

- 레이지본, <멋대로 살자>

Track 1.

하고 싶으면 하는 거지 뭐

♬ <Whatever> - Oasis

 뜬금없는 질문 하나. 대한민국의 초등 교사가 평생 들어야할 연수의 개수는? 다 세보진 않았지만 100개는 거뜬히 넘어가지 않을까 싶다. 문제는 이들 중 실제 학급 운영에 도움 되는 연수는 극소수에 불과하다는 데 있다. 대부분의 연수는 '내가 이걸 왜 들어야 하지?'로 시작해 '내가 이걸 왜 들었지?'로 끝난다. 그렇다고 안 들을 수도 없다. 매년 학기 초마다 '이번 연도에 반드시 들어야 하는 필수 연수 리스트'라는 이름의 메신저가 날아온다. 이걸 학년 말까지 듣지 않으면 독촉 메신저가 날아오기 때문에 일단 들어둬야 한다.

 연수 대부분은 원격 연수로 진행되기 때문에 솔직히 큰 부담은 없다. 다만 연수 앞에 '일정'이라는 단어가 붙으면 이야기가 달라진다. 여기서 '일정'이란 일급 정교사의 준말이다. 이 연수가 왜 중요하냐면, 이 연수 성적에 따라 먼 훗날의 승진 시기가 결정될 수 있기 때문이다.

 당연히 일정 연수는 경쟁이 치열하다. 뒷자리부터 채워지는 다른 연수와 달리 일정 연수는 앞자리부터 채워졌다. 연수는 심각할 정도로 재미없었다. 솔직히 연수원 맨 뒷자리에 앉아 이 생각을 가장 많이 했던 것 같다. '내가 강사를 해도 저분보다는 잘하겠다.'

 한빛의 상상은 현실이 된다. 5년 후, 064로 시작되는 번호로 연락이 왔다.

 "교육청 장학사 김ㅇㅇ입니다. 8월에 탐라교육원에서 일정 연수를 하는데요. 혹시 강사로…."

 순간 핸드폰을 들고 있는 손이 조금 떨렸던 것 같다. 내가 꿈꾸던 장면이 현실이 되었을 때의 얼떨떨함. 강의 주제는 '마술을 활용한 즐거운 교실 수업'으로 잡았다. 뭐라도 배워두면 언젠가는 써먹을 날이 오는구나. 강의 내용은 기억나지 않는다. 한창 힙합에 빠져있던 시절이라 시작하자마자 랩으로 자기 소개를 했던 기억은 있다. 이 장면은 지금도 떠올릴 때마다 내면의 이불킥을 하게 된다. 강의 마지막 허세 대폭발 멘트도 어렴풋이 기억난다.

 "제가 준비한 강의는 여기까지였고요. 남은 시간은 여러분께 하고 싶은 이야기를 하고 물러날까 합니다. 몇 년 전, 저는 저 맨 뒷자리에 앉아 제가 강사라면 어떤 말을 할지 상상하며 지루함을 달랬습니다. 이제 그때 상상했던 강의의 마무리를 해볼게요."

그러고는 강의 주제와 상관없이 평소 후배 교사들에게 해주고 싶었던 말을 신나게 떠들었다. 사실 이 모든 건 강의 마지막 퇴장 퍼포먼스를 위한 빌드업이었다. 나의 퇴장 계획은 다음과 같았다.

[퇴장 퍼포먼스 시나리오]
1. Oasis의 <Whatever>를 재생한다.
2. 스크린에 <Whatever>의 가사를 띄운다. <Whatever>는 뭘 선택하든, 본인이 삶의 주체가 되어 살아가라는 메시지를 담고 있다.
3. 노래 가사처럼 내가 퇴장하고 싶은 방식으로 퇴장한다.

I'm free to be whatever I

Whatever I choose and I'll sing the blues if I want

내가 뭘 하든, 뭘 선택하든 나는 자유로워.

블루스를 부르고 싶으면 블루스를 부르는 거야.

I'm free to say whatever I

Whatever I like if it's wrong or right, it's alright

> 난 어떤 말이든 할 수 있어.
>
> 그게 옳든 그르든 상관없어. 뭐든 좋아.
>
> Always seems to me
>
> You only see what people want you to see
>
> 내가 보기엔 말이야.
>
> 넌 사람들이 원하는 모습에만 신경을 쓰는 것 같아.
>
> (…)
>
> Free to be whatever you
>
> Whatever you say it comes my way, it's alright
>
> 네가 뭘 하든 넌 자유로워.
>
> 네가 무엇을 말하든, 뜻대로만 된다면, 뭐든 좋아.
>
> — Oasis, 〈Whatever〉

  10년 후, 나는 한때 평생직장이라 여겼던 직장을 떠날 준비를 하고 있다. 불안하지 않다면 거짓말이다. 불안의 파도가 밀려들 때면 퇴장 세레모니를 상상하며 불안의 파도를 넘는다. 계획은 다음과 같다.

1. 교무실에서 함께 근무한 선생님들께 감사 인사를 한다.
2. 신발장에서 신발을 신고 이어폰을 귀에 꽂는다.
3. <Whatever>를 따라 부르며 유유히 교문을 빠져나온다.

하고 싶으면 그냥 하면 되는 거다. 블루스를 부르고 싶을 땐 블루스를 부르면 되는 것처럼.

Track 2.

꿈꿀 수 있다면 그것은 현실이다

♬ <If I can dream> - Elvis Presley

교감 선생님의 전화를 받았다.

"이번에 명퇴 신청하는 거 맞지? 명퇴 신청 공문이 왔길래 마지막으로 확인하려고."

"네. 맞아요."

지난 몇 년간 품어온 꿈인데도 막상 입 밖으로 내뱉으려니 실감이 나지 않았다. 올해 명퇴 경쟁률이 얼마나 될지 모르겠지만, 대한민국이 나의 이별 요청을 받아준다면 나는 몇 달 후 국가 공식 인증 백수가 된다. 주위 사람들에겐 미리 은퇴 선언을 해놓았기 때문에 응원은 많이 받았다. 말이 좋아 응원이지, 그냥 참고 다니라는 조언이 대부분이긴 했지만.

간혹 하고 싶은 게 있다는 게 부럽다, 꿈을 위해 안정적인 직장을 때려치울 수 있는 용기가 대단하다는 응원도 있었고, 집에 재산이 많아서 그만둘 수 있는 거라는 근거 없는 추측도 있었다. 실제로 나를 제주의 유명 분재원 사장 아들로 알고 있는 선생님도 계셨다. 아마도 그 소문은 '40대 초반 가장이 돈도 없는데 명예퇴직을 할 리가 없음 - 그러고 보니 학교에 캠핑카 타고 다님 - 아마도 부잣집 아들인 듯'으로 이어지는 기적의 3단 논법의 산물로 보였다. 절 분재원 사장 아들로 알고 계셨던 선생님, 제가 집에 돈이 많았다면 왜 지금까지 기다렸겠습니까. 진즉에 그만뒀겠죠. 왜 갑자기 안구에 습기가 차는 걸까요.

'가장 듣기 좋은 응원 경연대회' 황금종려상은 후배들과의 술자리에서 나왔다. 그 술자리에서는 지금 허허벌판으로 나가기엔 경기가 좋지 않다는 현실 인식파와 한 번뿐인 인생 하고 싶은 건 다 해 봐야 한다는 인생 졸라 마이웨이파 사이에 열띤 토론이 펼쳐지고 있었다. 구석에서 가만히 듣고 있던 후배의 명대사가 귀에 걸리자, 내 입도 귀에 걸렸다.

"신경 꺼. 형은 뭘 해도 잘할 사람이잖아."

뭘 해도 잘할 사람, 이게 뭐라고 울컥하냐. 듣기 좋으라고 한 말인 걸 알지만, 냉정하게 내가 그런 사람인가 자문해 보면 솔직히 아니올시다. 그동안 어그러진 계획들만 봐도 그렇다. 여행사, 독립 서점, 작가 등 꿈의 시체들이 쌓여가는 동안, 명퇴 시점이 1년 앞으로 다가오는데도 진로를 결정하지 못하고 있었다.

그러던 어느 날이었다. 두 딸을 재우고 나니 밤 10시 반. 늘 이 시간엔 밤 산책을 가곤 했는데, 그날따라 나가기가 귀찮았다. 하필 시선이 닿는 곳에 보이는 스마트폰. 그래, 오늘 하루는 도파민의 노예가 되어보자. 이럴 땐 유튜브 알고리즘이 추천하는 영상을 본다. 알고리즘이 2022 FISM(3년마다 열리는 세계 마술대회, 마술계의 올림픽이라 불린다) 영상을 추천했다. 클릭과 함께 나는 화면 속으로 빨려 들어갔다. 정신을 차렸을 땐 마술에 흠뻑 빠져있던 대학 시절로 돌아가 있었다.

끝이 없는 세계를 좋아한다. 대개 인간의 끝없는 상상력을 기반으로 한 예술이 그러한데 마술도 그중 하나다. 이젠 더 이상 나올 게 없겠다 싶은데도 상상을 초월한 장르와 기술이 튀어나온다. 난다 긴다 해봐야 결국 다 손안에서 이뤄지는 트릭인데 지금도 새로운 마술이 튀어나온다.

와, 그사이 마술도 정말 많이 발전했구나. 간만에 느껴보는 몰입감이었다. 정신을 차렸을 땐 이미 새벽 4시 반이었다. 내리 6시간을 같은 자세로 몰입해 있었던 것이다. 화장실도 안 가고 물도 안 마시고 무려 6시간을. 근래 뭔가에 이렇게 깊이 몰입해 본 적 있나? 온몸이 뜨거워졌다. 아직 마음속에 미련이 남아있구나. 울컥한 마음을 식히려 새벽 밤길을 걸었다. 그리고 깨달았다. 마음속에 마지막 남은 불씨를 꺼

뜨릴 용기가 없다는 것을. 늦었지만 그 길을 다시 가보자. 끝까지 가보고 별거 없다면, 끝에 닿기에 내 능력이 부족하다면, 그때 돌아서자.

한시라도 뭔가에 빠져있지 않으면 안 되는 사람이라 평생 취미를 갈아치우며 살아왔지만, 그중 가장 오래 가장 깊게 빠졌던 건 오로지 마술이었다. 다른 취미들은 길어봐야 1, 2년 정도 하다 그만뒀지만, 마술은 20대 초반을 갖다 바친 것만 봐도 그렇다. 마술사라는 꿈은 더 이상 좋은 패가 없다며 절망에 빠졌을 때, 카드 뭉치 맨 아래 숨겨놓은 조커 카드처럼 등장했다. 패자부활전이 절실했다. 나에게도 엘비스 프레슬리 같은 패자부활전 기회가 주어질까?

1968년, 엘비스 프레슬리는 코너에 몰려있었다. 한때 로큰롤의 황제로 군림했던 그였지만, 군대 징집과 매니저 톰 파커의 뻘짓은 서서히 그를 팬들의 기억 속에서 잊히게 했다. 비틀즈, 롤링스톤스 같은 초대형 신인 밴드들이 그의 자리를 대체했고, 그가 돌아갈 자리는 없어 보였다. 이때 재기의 발판으로 삼았던 공연이 〈Elvis '68 Comeback special〉이었다. 그도 알았을 것이다. 모든 것이 이 특집에 달려 있다는 것을.

다행히 공연장은 팬들로 가득 찼다. 공백이 길었던 만큼 사람들의 기대치는 한없이 높아진 상황. 공연에서 그들의 기대치를 충족시켜 주지 못하면 퇴물 소리를 들을 게 뻔했다. 엘비스는 긴장했다. 얼마나 긴장했던지 공연 직전 분장실에서 감독에게 말한다.

"못 나가겠어요. 난 못 해요."

관객이 입장하고 있었다. 감독이 말한다.

"엘비스, 무대에 꼭 서야 해요. 이렇게 합시다. 밖에 나가보고 도저히 안 되겠으면 말해요. 테이프가 망가진 척할게요."

결국 엘비스는 무대 위에 선다. 다시 전설이 되느냐, 퇴물이 되느냐를 가르는 절체절명의 순간, 무대에 오른 그의 얼굴엔 초조한 기색이 역력하다. 그답지 않게 긴장한 탓에 그만 첫 박자를 놓치고 만다. 멋쩍게 웃는 엘비스. 그러나 엘비스는 엘비스였다. 요즘 말로 '보법부터 다른' 천상 연예인. 로큰롤의 황제라는 칭호가 괜히 만들어진 게 아니었다. 이후 그는 물 만난 고기처럼 무대를 들었다 놨다 한다.

그날 밤, 무대의 하이라이트는 〈If I can dream〉이었다. 가사가 그가 처한 상황과 찰떡이었다. 라이브는 더없이 훌륭했다. 인생 자체가 한 편의 영화인 그에게 이 노래는 황제의 부활을 알리는 OST로 손색이 없었다.

> Tell me why, oh why?
>
> Oh, why can't my dreams come true? Oh, why?

> 이유를 말해줘요. 왜죠?
>
> 왜 제 꿈은 이루어질 수 없는 건가요?
>
> (…)
>
> Out there in the dark, there's a beckoning candle
>
> And while I can think, while I can talk
>
> While I can stand, while I can walk
>
> While I can dream, please let my dream come true
>
> Right now
>
> 희미한 촛불이 보입니다.
>
> 내가 생각하고, 말하고, 일어서서 걸을 수 있는 한,
>
> 내가 꿈꿀 수 있는 한, 그 꿈이 이루어지게 해 주세요.
>
> 지금 당장
>
> - Elvis presly, 〈If I can dream〉

단 한 번의 기회. 단 한 번의 패자부활전. 지금 내가 처한 상황도 이와 비슷하다 보니 노래 가사가 남 일 같지 않다. 절실했던, 그래서 절절했던 그 날의 〈If I can dream〉을 꺼내 들으며 전의를 다져본다. 엘비스처럼 주먹 불끈 쥐고 힘차게 날아봐야겠다. 죽이 되든 밥이 되든 뭐라도 되겠지, 뭐. 그나저나 이 노래 제목… 낯이 익다. 어디서 들어봤더라? 아, 맞

다! 마술사 데이비드 카퍼필드의 명언을 닮았구나.

If you can imagine, It's real.

상상할 수 있다면 그것은 현실이다.

- 데이비드 카퍼필드

살짝 이렇게 바꿔본다.

If you can dream, It's real.

꿈꿀 수 있다면 그것은 현실이다.

- 정한량

Track 3.

도화지의 여백을 채우는 방법

♬ <내 마음에 비친 내 모습> - 유재하

* 초등 교사 20년의 여정도 이제 두 달 남았다. 그동안 도움을 주고받았던 초등 교사 인터넷 커뮤니티 '인디스쿨'에 마지막 글을 남겼다. 다음은 글의 전문이다.

***

아직 올해 명예퇴직자 명단이 나온 건 아닙니다만, 교육청에서 교감 타이틀 달고 명퇴하고 싶은 사람은 공적조서 내라고 연락 온 걸 보니 합격(?)한 것 같습니다. 교감으로 명퇴하면 돈 5만 원이라도 더 주냐고 물어보니 그런 건 없다네요. 그러면 왜 조사하냐고 물어보니 그냥 명예라고… 됐다고 했습니다. 하하.

명퇴 확정된 걸로 결론짓고, 바람 잘 날 없는 학교의 모진 풍파와 싸울 때마다 든든한 바람막이가, 때로는 뒤에서 배를 밀어주는 순풍이, 때로는 한 줄기 빛이 되어주었던 인디스쿨에 마지막 인사 올립니다.

선생님을 하는 동안 먼저 퇴직하시는 분들을 볼 때마다 퇴직하면 어떤 느낌일까? 늘 궁금했습니다. 막상 퇴직을 코앞에 두니 별다른 감상이 들진 않네요. 학기 말이라서 그런 걸까요? 감상에 젖을라치면 이거 내라, 저거 내라… 구체적으로 말 안 해도 어떤 느낌인지 아시죠? 하하.

수료식 날 아이들을 떠나보내는 감정이 섭섭함에서 시원섭섭함으로, 시원섭섭함에서 시원함으로 변해오는 동안 교직에 대한 제 마음이 학교와 점점 멀어져 왔기 때문인지도 모르겠습니다. 그래도 단 하나만큼은 제 마음에 오래도록 아련한 감정을 남길 것 같습니다. 이 단어가 불러오는 감정은 조각칼로 파낸 듯 또렷이 남아, 희미해질지언정 사라지진 않을 것 같네요. 사람이라는 단어요. 교직에 있는 동안 좋은 사람들을 참 많이 만났습니다. 제가 어디 가서 이런 사람들을 만나겠습니까. 오래도록 그리울 것입니다.

고백하자면, 제가 좋아하는 사람들이 붙잡을 땐 마음이 약해지기도 했습니다. 1년만 더하자고 붙잡을 때마다 대답하기가 참 곤란했습니다. 이젠 대답에도 요령이 생겨 어떻게 대답하면 더 이상 붙잡지 않는지도 알게 됐습니다. 혹시나 저와 같은 갈등을 겪게 될 분들을 위해 대화 예시문 나갑니다.

"힘들어서 나가는 게 아니에요. 저는 올해가 교직 인생에서 가장 편했어요. 막판에 저랑 찰떡궁합인 학교를 만나서 좀 더 해볼까 갈등도 많았습니다. 이런 학교만 찾아다니면 끝까지 버틸 수도 있겠다 싶었죠. 하지만 이렇게 가다가 마침내 끝에 닿았을 때, 그때 다른 길 가볼걸 하는 후회를 감당할 자신이 없어요. 전 그런 순간이 오면 눈 감고 못 죽어요."

이러면 다들 보내줍니다. 그래도 안 보내주면 '브로콜리너마저'의 〈앵콜요청금지〉를 틀어줄 생각입니다. 대한민국의 초등 교사는 정말 대단한 사람들입니다. 제가 워낙 자존감 뿜뿜한 사람이라 제 앞에 어떤 정체성(좋은 사람, 좋은 아빠, 좋은 시민 등)을 갖다 붙여도 최소 중간 이상은 갈 자신 있는 사람인데, 초등 교사라는 타이틀 앞에서는 도저히 자신이 없습니다. 중간이라도 가보려 노력하는 것조차 버거웠네요.

저에게 대한민국 초등 교사는 그저 넘사벽이었습니다. 그만큼 어려운 일을 당신이 하고 있습니다. 진심으로 존경합니다. 어쩌면 저는 당신처럼 할 수 없어서 떠나는 걸지도 모릅니다. 교직을 떠나더라도 학교 밖에서 늘 당신을 응원하고 끝까지 지원 사격하겠습니다. 그동안 진심으로 감사했습니다. 건강하시고 늘 행복하세요!

***

후회라는 감정을 가장 싫어한다. 후회한다고 달라지는 건 하나도 없기 때문이다. 버스는 이미 떠났는데 저만치 멀어져 가는 버스를 잡으려 내달리면 힘만 빠진다. 그렇게 버스를 놓치고 투덜투덜 대며 정류장으로 터덜터덜 돌아오다 보면 다가오는 버스도 못 보고 놓칠 수 있다.

지나간 일은 되돌아보지 말자. 다짐하고 또 다짐해도 후회라는 감정은 잊을 만하면 나를 찾아온다. 세금 고지서처럼 불쑥. '그때 화내지 말걸. 그때 아이들한테 좀 더 잘해줄걸. 그때 동학년 선생님들한테 좀 더 친절하게 대할걸.' 못다 버린 미련에 후회라는 감정이 스멀스멀 고개를 들 때, 유재하의 〈내 마음에 비친 내 모습〉을 듣는다.

> 이제 와 뒤늦게 무엇을 더 보태려 하나.
> 귀 기울여 듣지 않고 달리 보면 그만인 것을.
> 못 그린 내 빈 곳 무엇으로 채워지려나.
> 차라리 내 마음에 비친 내 모습 그려가리.
>
> - 유재하, 〈내 마음에 비친 내 모습〉

이 노래 가사가 백번 맞다. 달리 보면 그만이다. 이젠 '못 그린 내 빈 곳 무엇으로 채워나갈지'에만 집중하자. 아직 도

화지의 절반이 빈 공간으로 남아있다.

Track 4.

파도와 바람은 무죄

♬ <검은 돌> - 9와 숫자들

 학교에서의 마지막 근무일. 나의 마지막을 함께 해준 동료 선생님들께 드릴 깜짝 선물을 준비했다. 개개인의 취향을 저격할 맞춤형 선물이란 게 존재할 리 없고, 그렇다고 제가 가진 게 이것뿐이라서요 하며 호주머니에서 현금을 꺼낼 수도 없고. 에라, 모르겠다. 풍선 꽃다발이나 만들자. 이건 최소한 싫어할 사람은 없겠지?

 그렇게 시작한 풍선 꽃다발 만들기는 저녁 6시부터 시작해 새벽 3시가 되어서야 끝났다. 새벽 2시 50분, 작업을 마무리할 즈음 캡스가 울렸다. 캡스 경비원이 출동했다. 진심으로 죄송했다. 마음 같아서는 만들고 있던 풍선 꽃다발이라도 전해드리고 싶었으나 이걸 줘버리면 하나를 더 만들어야 한다는 걸 깨닫고는 죄송무새(죄송+앵무새)가 되었다. 새벽 3시까지 학교에 있으면 캡스가 울린다는 걸 퇴직 하루 전날 안

내 인생이 레전드.

명퇴가 코앞으로 다가오니 이래저래 정리할 것들이 많다. 당장 교실도 정리해야 하고 앞으로 못 볼 것 같은 선생님께는 인사라도 드려야 한다. 다니던 배드민턴 동호회에도 작별 인사를 남겼다. 더 늦기 전에 꿈에 도전해보려 한다고. 인생을 건 도전이니만큼 좋아하는 것도 하나는 내려놓아야 할 것 같아서 배드민턴은 여기서 접는다고.

30대 초반에 배드민턴 A조 달아보겠다고 도전했다가 꼰대 A조를 만나는 바람에 탈퇴한 적이 있었다. 배드민턴 파트너가 되어 달라는 매제의 부탁에 10년 만에 다시 시작한 배드민턴이었다. 이번 클럽은 멤버가 좋아서 즐겁게 쳤는데, 못내 아쉬웠다. 불꽃 스매싱을 꽂은 다음 어차피 너네는 못 받을 테니 수비는 안 할게, 하며 쿨하게 돌아서는 허세 루틴을 이제 막 완성했는데… 당신이 그 장면을 못 봤으니 첨언하자면, 그것은 마치 스테판 커리가 3점 슛을 쏘고 나서 뒤도 안 돌아보고 백코트 하는 장면과 비슷했다. 그러다가 상대방이 '실수로' 받아버리기라도 하면 바로 실점할 수밖에 없어서 A조 형님들한테 욕도 오지게 먹었다. 실력은 약수터 배드민턴인데 허세는 올림픽 금메달 급이라고.

아무튼, 그 유명한 '안녕히 계세요, 여러분. 저는 이 세상의 모든 굴레와 속박을 벗어던지고 제 행복을 찾아 떠납니다' 짤을 남기고 배드민턴 동호회 인터넷 커뮤니티에 마지막 인사를 했다. 댓글 중에 옛 추억을 소환하는 댓글이 있었다.

"선생님, 결국 떠나시는군요. 저 작년에 선생님이랑 K-초등학교에서 잠깐 같이 근무했던 사서교사 출신 김삼서예요. 제가 사서교사 그만두고 책방 차린다고 마지막 인사드렸을 때 선생님께서 따라 나오셔서 책방 어디에 차리냐고 물어보셨었죠. 선생님도 결국 꿈 찾아 떠나가시는군요."

아, 이렇게 추억 소환 가나요.

그때로 말할 것 같으면, 여행사 사장의 꿈은 공중 분해되고 플랜 B는 준비되지 않아서 아침에 눈 뜨면 눈앞에 흑백 필터가 자동 장착되던 시절이었다. 다행히 작가라는 꿈은 현재 진행 중이었다. 필생의 역작이라 생각한 첫 책의 판매율이 저조하자 얼굴에 철판 깔고 직접 홍보를 뛰기로 했다. 정말이지 대한민국 영업사원 1호의 심정으로 맨발에 땀나도록 뛰었다. 대한민국 영업사원 1호가 되겠다던 그분은 지금 감옥에 가 있으니, 제가 1호 하겠습니다. 넙죽. 홍보 전략은 이랬다.

"안녕하세요? 이번에 책을 출간한 정한량이라고 합니다. 제 책을 한 권 선물로 드릴 테니 시간 날 때 읽어보세요. 팔리겠다 싶으면 연락 주시고, 별로다 싶으면 책방 아무 데나 놔뒀다가 사겠다는 사람 있으면 선물로 주세요."

이토록 신박하고 공격적인 마케팅이라니! 물론 내가 사장이니까 가능한 마케팅이었다. 사장에게 이런 마케팅을 제안하는 사원이 있다면 "그 책 안 팔리면 니 월급 안 줘도 되지?" 소리 들었을 게 뻔한 신종 마케팅이었다. 역시나 연락은 없었다. 김광진의 〈편지〉의 첫 소절 '여기까지가 끝인가 보오. 이제 나는 돌아서겠소'를 부르며 돌아서려는 찰나, 처음 찾아갔던 독립 서점에서 연락이 왔다.

"그때 저희 서점에 책 놔두고 가신 분 맞죠? 북토크 한번 해보실래요?"

아아아아아- 아아아-

(머릿속에서 리베라 합창단의 〈Sanctus〉 울려 퍼지는 소리)

그렇게 생애 첫 북토크가 열렸다. 그때의 기억이 너무 좋았고, 독립 서점 사장이 되겠다는 꿈을 품었고, 서점 이름도 지었고(작가 지망생), 2호점 계획도 세웠고(캠핑카 서점, 매일 이동함, 서점 이름은 히피 지망생), 어찌 소문이 났는지 모교에서 후배들을 대상으로 강연을 하게 됐고, 한참 어린 후배들 앞에서 '인생은 말이지, 에헴' 하며 뜬구름 잡는 얘기도 하게 됐고, 술에 취한 채 라디오 인터뷰도 하게 됐고(약속 시간에 전화가 안 와서 인터뷰 취소됐나 보다 하고 맥주를 마시고 있었는데, 1시간 뒤에 연락이 왔다. 결국 취중 인터뷰를 하게 되었다. 아나운서 왈, 그 사이에 왜 이렇게 업이 되셨냐며), 그사이 꿈은 구체화되어 도내 독립 서점 시장 조사까지 마쳤으나, 아직은 때가 아니라는 결론을 내리고 꿈을 접었다는 이야기를 이렇게나 길게 했다.

꿈은 차갑게 식고 말았다. 뜨거운 용암이 바다에 닿으면 차갑게 식어 현무암이 되듯, 내 꿈도 현실의 세찬 파도를 맞자 팍- 소리를 내며 식어 돌멩이가 되었다.

> 나의 별명은 낙화들의 침대
> 나의 병명은 만성적인 후회
> 까맣게 식어버린 나
> 파도와 바람은 무죄
> 뜨거웠던 어제 내가 범인
>
> - 9와 숫자들, 〈검은 돌〉

누굴 탓하겠나. 파도와 바람은 죄가 없다. 꿈을 이루지 못한 게 죄라면, 치기 어린 마음만으로 뜨거운 꿈을 손에 쥐고 있던 내가 범인이었다. 그렇게 내 꿈은 돌멩이가 되고 말았다. 그 돌멩이, 호주머니에 넣고 다른 꿈 찾아가려 한다. 나에게는 아직 12개의 꿈이 남아있다.

Track 5.

오늘은 아빠가 주인공

♬ <오늘은 내가 주인공> - 아름불휘중창단

헤어질 때 슬픈 음악이 흐르면 눈물도 같이 흐르는 징크스가 있다. 첫 교생 실습 마지막 날도 그런 날 중 하나였다. 교생 실습 마지막 날, 2주간 함께한 학생들 앞에서 마지막 인사를 하는 자리였다. 함께 실습한 실습생 둘이 먼저 인사했다. 내 차례가 왔다.

"잠시만요."

슬픈 분위기 조성한다고 BGM으로 산울림의 〈안녕〉을 깔았다. 여기서 문제가 터졌다. 〈안녕〉의 첫 가사인 '안녕, 귀여운 내 친구야'를 듣자마자 눈물이 폭포처럼 쏟아졌다.

"안녕하세요? 여러분과 지난 2주간 함께 했던 교생… 어… 내 이름이 뭐더라…. 훌쩍. 그러니까… 훌쩍. 그동안…"

지도교사둥절, 학생둥절, 실습생둥절. 결국 인사는 끝맺지도 못했다. 나와 같이 실습을 받았던 동기 형이 잘 수습해 줘서 겨우 인사를 마무리할 수 있었다. 행사가 모두 끝나고 형이 나에게 다가와 말했다.

"너한테 이런 면이 있는 줄 몰랐어. 진짜 의외다."

사건 이후로 다짐했다. 슬픔이 예정된 상황에서는 절대 슬픈 음악을 듣지 말자고. 두 딸이 언젠가 결혼이란 걸 하게 된다면, 두 딸에게도 신신당부할 예정이다. 양가 부모님께 인사하는 순서에서 슬픈 음악 깔면 아빠는 펑펑 울어버릴 거라고. 그러면 결혼식 분위기 싸해질 테니 배경음악으로 EDM 틀던지, 부모님께 인사하는 순서는 식순에서 빼라고.

문제는 내 의지와 상관없이 BGM이 흐를 때 터진다. 둘째 다온이의 어린이날 졸업식이 그런 경우였다. 다온이가 어린이집을 졸업하다니! 만감이 교차한다는 표현은 이런 때 쓰는 거다. 문자 그대로 만 가지 감정이 스쳐 지나갔다. 그도 그럴 것이, 다온이의 육아 난이도는 최소 짱구 급이었다. 먹성과 텐션이 남달라 쫓아다니는 것만으로도 체력이 달렸다. 그 와중에 감정의 결은 섬세했다. 꼬마와의 감정싸움에 지쳐 한숨이라도 새어 나오면 "아버지, 낳으셨으면 끝까지 책임을 지셔야죠?"라고 말하는 일곱 살 꼬마 아이를 무슨 수로 당하겠는가? 평소엔 아빠라고 부르다가도 이럴 땐 꼭 아버지라고 호칭했다. 너 진짜 일곱 살 맞아?

그런 다온이가 어린이집 졸업을 하다니! 그때까지도 다온이는 집에서 금쪽이 포지션을 담당하고 있었다. 어린이집에 다온이를 데리러 갈 때마다 어린이집 생활은 잘하고 있는지 걱정돼서 선생님께 여쭤보면 "우주반 에이스예요."라는 대답이 돌아와서 이게 립서비스인지 진실인지 그렇다면 집에서의 금쪽이 행동은 어떻게 설명해야 할지 궁금했던 차, 설렘 반 의구심 반으로 참석한 졸업식이었다.

우주반 친구들의 축하 공연으로 졸업식이 시작되었다. 〈오늘은 내가 주인공〉 반주에 맞춰 우주 바이브 단체 율동이 펼쳐졌다. 사랑에 빠지면 눈에 아웃포커싱 기능이 자동 장착되나 보다. 하얀색 블라우스에 빵모자를 비스듬히 걸친 다온이를 보고 있으니 시야가 한 사람으로 좁혀지며 배경이 희미해졌다. 다음 식순으로 졸업장 수여식이 이어졌다. 졸업식이 순조롭게 흘러간다 했을 때, 어린이집 원장님이 말씀하셨다.

"부모님 한 분씩만 무대 위로 올라오세요."

이거 살짝 불안한데? 아내에게 올라가라고 말했다. 아내는 나보고 올라가라고 했다. 마음고생 더 많이 한 건 나라면서. 틀린 말은 아니어서 내가 무대 위로 올라갔다.

"자, 이제 우주반 친구들은 각자 부모님 앞으로 갈게요. 이

번 순서는 아이들이 그동안 키워주신 데 보답하는 의미로 부모님께 쓴 편지를 읽어드리는 시간입니다. 우주반 친구들, 준비됐나요?"

"네!"

"그럼 다온이부터 편지를 읽어볼까요?"

OMG. 이거 분위기가 슬슬… 아니나 다를까, 뒤로 BGM이 깔렸다. 안 돼, 안 돼… 안 돼! 다음은 예상 그대로다. 폭풍 눈물 엔딩. 그동안 다온이를 키우며 힘들었던 기억들이 뇌리를 타고 소용돌이치더니 정신을 차렸을 땐 턱 밑을 흐르는 액체가 감지되었다. 무대 위에 올라온 부모님 중 나만 고개를 숙이고 무슨 사연 있는 사람처럼 울고 있었다. 다온이의 졸업식을 축하해주러 온 다온이 이모는 부모 중 나 혼자 울고 있는 모습을 보며 아내에게 이렇게 말했다고 한다.

"언니, 왜 혼자 우는 거야? 무슨 사연이라도 있어?"

아내는 이렇게 대답했다고 한다.

"몰라. 그냥 눈물이 많아. 타고난 거야."

2년 후, 어린이집을 졸업한 다온이처럼 나도 초등 교사를 졸업하게 되었다. 송별회는 내가 마지막으로 근무했던 교실에서 열렸다. 송별회를 교실에서 여는 건 이례적인 일이어서 살짝 눈치를 채긴 했다. 선생님들이 뭔가 준비했나 보다. 그러나 그 이후 벌어질 일을 상상하는 데 내 상상력이 미치진 못했다.

교무실에 마지막 인사를 드리러 갔더니, 제주 교육계의 페스탈로치이자 대한민국 멘탈 상위 0.1프로이자 나에게는 회복탄력성 연구 대상이기도 한 교무 선생님께서 어디 가지 말고 교무실에서 기다리라고 하셨다. 잠시 후 교무 선생님께서 전화를 받으시더니 나를 3학년 교실로 인도했다. 내가 마지막까지 근무했던 그 교실로.

교실에 들어서자마자 전 교직원, 그러니까 학교 선생님뿐만 아니라 유치원 방과 후 교사, 조리사, 행정실무원 할 거 없이 학교의 모든 직원이 1열로 서서 박수를 쳐줬다. 이게 말로만 듣던 퇴임식? 퇴임식은 이제 다 사라진 걸로 아는데? 그렇다. 오직 나를 위해 굳이 하지 않아도 될 깜짝 퇴임식을 열어준 것이다. 심지어 정년 퇴임도 아니고 명예퇴직인데. 지면을 빌려 다시 한번 감사드립니다. K-초등학교 교직원 여러분. 제가 많이 사랑하는 거 알죠?

깜짝 퇴임식은 다음 순서로 진행됐다.

1. 감사패 증정
2. 신규 교사의 꽃다발 증정
3. 토크쇼

네? 토크쇼요? 갑자기 여기서? 그러고 보니 책상 구조가 ㄷ자 구조였다. 토크쇼 빌드업 무엇.

"무슨 얘기를 하면 될까요?"

"그냥 떠나면서 하고 싶은 얘기 아무거나요."

물론 나는 했다. 마치 준비해 온 것처럼.

"K-초등학교 여러분, 제가 입이 닳도록 말했잖습니까? 학교 업무를 줄여야 한다고. 우리가 줄일 수 있는 건 우리가 줄이고, 줄일 수 없는 건 줄여달라 끊임없이 요구해야 한다고. 그런데 이렇게 굳이 하지 않아도 될 업무를 하면 어떡합니까?"

"기분 좋게 한 일이라 일처럼 느껴지지 않았어요."

"멘트 창작 학원에서 나오셨나요? 감사합니다. 또 감사합니다. 그리고 감사합니다."

나는 그만 감사무새(감사+앵무새)가 되고 말았다. 분위기를 가볍게 전환하고자 드립 장인다운 찰진 드립도 날렸다.

"제 이름(한빛)이 나이가 들수록 안 어울리는 이름이잖아요? 한빛 어린이는 잘 어울리지만, 한빛 할아버지? 뭔가 안 어울리잖습니까? 퇴직하면 평소 꿈대로 한량처럼 살 거기 때문에 이번에 이름도 한량으로 개명했습니다. 정한량. 개명 신청까지 완료했으니 앞으로는 정한량이라고 불러주세요."

누가 봐도 드립인데 선생님들이 예능을 다큐로 받아서 '그래. 한량이라는 이름도 잘 어울리네' 하는 표정으로 날 보고 있어서 혼자 빵 터졌다.

토크쇼 다음 순서는 영상 편지였다. 각 학년 담임 선생님의 영상 편지가 이어지는 동안 감사함에 어쩔 줄 몰라 몸을 비비 꼬다 보니 버터 오징어가 된 채 영상이 끝났다. 그때, 화면이 전환되더니 오늘 아침에도 봤던 얼굴이 등장하는 게 아닌가? '그리고 한빛샘을 누구보다 사랑하는 세 여자'라는 자막과 함께. 아내와 단비, 다온이었다.

화면 속에서는 단비와 다온이가 〈오늘은 내가 주인공〉의 가사를 〈오늘은 아빠가 주인공〉으로 개사해 노래를 부르고 있었다. 그러고 보니 며칠 전, 단비와 다온이가 오늘은 아빠도 좀 쉬라며 나를 안방으로 몰아넣은 일이 있었다. 그때 이 영상을 찍었구나.

대한민국 공교육 역사상 최고의 스쿼트로 구성된 K-초등학교 선생님과 세 여인의 합작으로 또 하나의 레전드 영상이 탄생했다. 이렇게 신나는 노래에 가사가 이리 뭉클할 건 또 뭐람? 이 가사 쓰신 분, 혹시 절 위해 가사를 쓰셨나요?

> 오늘은 내가 주인공
> 신나고 자신 있게 펼쳐봐.
> 행복한 세상에 태어나

> 누구나 한 번쯤은 주인공이 되지.
>
> - 아름뷔휘중창단, 〈오늘은 내가 주인공〉

    노래를 들으며 2년 전 다온이의 어린이집 졸업식 장면이 오버랩된 건 물론이다. 다행히 앞 순서에서 눈물을 흘려놔서 눈물이 핑 도는 선에서 눈물과 합의를 봤다. 노래가 끝나고 나서도 '맑고 아름다운 향기로 모두에게 사랑받을 거야'라는 가사가 오래도록 귀에 남았다. 그것은 아마도 '모두에게 사랑받는 건 불가능하므로 모두에게 사랑받으려 노력할 필요 없다'라는 평소의 신념이, 가끔은 틀릴 수도 있음을 확인했기 때문일 것이다.

Track 6.

끝날 때까지 끝난 게 아니다

♬ <It ain't over till it's over> - Lenny Kravitz

공연 시작 1분 전. 관객석에 앉아 있는 단비와 눈이 마주쳤다. 잘할 수 있을까? 잘할 수 있겠지. 아니, 반드시 잘해야 해. 어쩌면 마지막 기회일지도 몰라. 시계의 초침이 시작 시각을 향할수록 심박수가 빨라졌다. 호흡을 가다듬고 관객석에 있는 단비를 바라봤다. 애써 태연한 척 웃음을 지어 보였다. 어쩌면 지금 가장 긴장한 건 내가 아니라 단비일 테니까.

사연을 말하자면 이렇다. 몇 년 전, 지인의 부탁으로 수학여행 레크리에이션 시간에 마술 찬조 공연을 한 적이 있다. 관객이 수학여행 와서 한껏 들떠있는 6학년이었기에 준비를 확실히 하고 가야 했는데, 그동안의 경험만 믿고 준비 없이 공연을 간 게 화근이었다. 요즘 아이들은 네가 20년 전 마술할 때 상대했던 아이들이 아니라고!

공연은 시작부터 예상치 못한 방향으로 흘러갔다. 아이들이 200명은 되어 보였는데, 시작부터 전혀 통제가 되지 않았다. 마술을 시작하기 전에 학년 부장 선생님이 나를 소개하는데, 선생님을 쳐다보는 학생이 10명도 되지 않았다. 돌이켜보면 이때 경각심을 가졌어야 했다. 아니, 도망쳤어야 했다.

오늘 공연은 좀 힘들겠네, 하는 예감이 있었지만 대수롭게 여기진 않았다. 200명 앞에서 공연을 하다가 갑자기 마이크가 안 나와서 쌩목으로 진행한 날도 공연은 잘 끝났다. 내가 잘해서가 아니었다. 그게 마술의 힘이었고, 나는 그 힘을 믿었다.

간과한 게 하나 있었다. 무대 앞의 마술사가 쌩목으로 마술쇼를 진행해도 집중해서 봐줬던 건 20년 전의 아이들이었다. 이날 내가 만난 아이들은 마술사가 나왔는데도 무대를 보지 않았다. 18년 경력의 교사 짬바로 집중시키면 그것도 잠시, 장내는 이내 도떼기시장으로 변했다. 나중에 알게 된 사실인데, 다음 순서가 본인들 장기 자랑이라 그걸 연습하고 있었다고 한다.

마술 중간중간 뒤에서 '기모띠, 기모띠'(당시 초등학교에서 유행했던 인터넷 신조어, 일본 AV에서 유래했다는 설이 유력하다) 소리가 들려왔고, 관객에게 카드를 고르게 할 때 여학생을 시키면 '남혐, 남혐' 외치는 애들이 있었다. 남학생을 시키면 '여혐, 여혐' 하는 소리가 튀어나왔다. 하아… 나보고 어쩌라고? 문제 행동을 일으키는 몇 명만 담임 선생님들이 제지해 주면 분위기 다잡고 이어갈 수 있을 것 같은데, 하필 담임 선생님들은 급한 일이 생겼는지 보이지 않았다. 결국 이날 공연은 나의 마술 커리어 역사상 최악의 공연이 되고 말았다. 공연이 끝나자마자 대충 인사하고 울상이 되어 공연장을 빠져나왔다.

그날 이후, 다시는 무대 위로 올라가지 않기로 다짐했다. 인생 후반전 플랜에서도 마술사를 제외했다. 그동안 잘해왔으니 아쉬움은 없었다. 마술은 마술을 믿는 사람 앞에서만 마술이지, 믿지 않는 사람들 앞에서는 그냥 속임수다. 이젠 마술이 통하지 않는 시대가 됐나 보다 생각했다. 다만 그 후로 오랫동안 날 괴롭힌 장면이 있었다.

그날 관객석에서 바라보던 두 딸아이의 눈빛. 망해가는 공연에도 아랑곳하지 않고 '아빠, 멋있어요' 하는 눈빛으로 나를 바라보던 두 딸의 반딧불처럼 빛나던 눈빛. 이렇게 될 줄 알았다면 두 딸을 데려가는 게 아니었는데… 두 딸은 아빠를 이 정도 마술사로 기억하겠군. 두 딸에게 하필 가장 폭망한 공연을 보여주고 커리어를 끝내야 하는 현실이 마음속에 돌덩이로 남았다.

몇 년 후, 나는 인생 후반전 플랜에서 여러 후보군을 제외한 끝에 마술사라는 이름의 종착지에 닿았다. 돌고 돌아 마술사라니. 인생 참 얄궂다. 마술사가 된다는 건 두 딸에게 멋진 마술사로 기억될 기회가 남아있음을 뜻하기도 했다.

그러던 어느 날, 일생일대의 만회 기회가 제 발로 찾아왔다. 두 딸이 다니는 학교로부터 강연 섭외 연락이 온 것이다. 이제 목에 걸린 가시를 빼낼 차례다! 마술과 스토리텔링을 적절히 섞어 40분이 순간 삭제되는 흥미진진한 강연을 하는 게 목표였다.

강연 전날, 아내와 두 딸 앞에서 리허설을 했다. 반드시 성공시켜야 하는 일생일대의 무대였기에 리허설에도 긴장감이 감돌았다. 리허설 중간중간 아내와 두 딸의 피드백이 있었고, 나는 그 피드백을 반영하기 위해 새벽 두 시까지 연습했다. 다음 날 아침, 단비가 물었다.

"할 수 있겠어요?"

'할 수 있겠어요?'라는 말 앞에서는 '잘'이라는 단어가 생략되어 있었다.

"단비는 박수만 열심히 쳐줘. 나머지는 아빠가 알아서 할게."

드디어 강연 디데이. 강연의 성공 여부는 대개 5분 안에 결정된다. 그날의 강연도 그랬다. 관객석에 앉아 있는 단비가 나에게 잘하라는 눈빛을 보내준 덕분인지 강연은 산뜻하게 시작했고, 순조롭게 흘러갔고, 아름답게 끝났다. 처음 강연을 시작할 때, 카드 매니퓰레이션(빈손에서 카드가 계속 나오는 등 손기술을 이용해 카드로 다양한 현상을 보여주는 마술)으로 자기소개를 했기 때문에 공연이 끝났을 땐 바닥에 수십 장의 카드가 떨어져 있었다. 공연이 끝나자 한 아이가 카드를 주워 오더니 나에게 내밀었다.

"사인해 주세요."

"사인? 사인받아서 뭐 하려고? 내 사인은 어디 가서 쓸모도 없을 텐데?"

"그래도 해 주세요. 간직하고 싶어요."

재밌는 친구네, 하며 카드에 사인을 해 주는데 뒤이어 10명 넘는 친구들이 사인을 받겠다고 줄을 섰다. 입고 있는 티셔츠를 내밀며 등 뒤에 사인을 해달라는 친구도 있었다. 그 모습을 단비가 흐뭇하게 바라보고 있었다. 강연이 끝난 후, 선생님 한 분은 아빠의 공연을 바라보는 단비를 몰래 찍어 아내에게 카톡으로 전송했다. 단비가 너무 해맑은 표정으로 아빠의 강연을 보고 있어서 눈물이 났다는 후일담과 함께.

그날 이후, 단비는 나에게 '할 수 있겠어요?'라는 질문을 하지 않는다. 내가 상상할 수 있는 가장 완벽한 부활 시나리오였다. 역시 옛말 하나 틀린 게 없다. 끝날 때까지 끝난 게 아니다.

> Here we are still together
>
> We are one
>
> 여전히 우린 함께예요.
>
> 우리는 하나예요.
>
> (…)
>
> It ain't over till it's over
>
> 끝날 때까지 끝난 게 아니에요.
>
> — Lenny Kravitz, 〈It ain't over till it's over〉

Interlude.

유전자는 음악을 싣고

1992년, 우리 집도 차를 샀다. 1600cc 자주색 엘란트라였다. 신기하게도 차에 시동을 걸면 음악이 흘러나왔다. 차에 라디오 안테나라도 달려 있나? 그 음악을 아버지가 틀었다는 걸 알게 된 건 한참 뒤였다. 움직이는 차 안에서 음악을 듣는 건 신세계였다. 주로 7080 포크 음악이나 올드팝이 흘러나왔다. 김현식, 트윈폴리오, 정태춘, 임지훈, 한경애, 비틀즈, 존 덴버, 사이먼 앤 가펑클… 나의 첫 음악 취향은 그 차 안에서 시작되었다. 마음에 드는 노래가 나오면 집에 돌아와 가사를 들리는 대로 옮겨 적었다.

앤 페이니즈 오러라—운 라이커 브리-초버 트러블 워러, 아윌 레이 미 다운. 이 노래는 10년 후, 내 운명을 바꾼다.

10년 후, 대학에서 한 여자를 만났다. 동아리 1년 후배 H.

얼굴이 유난히 예뻤다. 쳐다보지 않으려 해도 자꾸만 눈길이 갔다. 인연은 타이밍이 생명이다. 아쉽게도 나와는 타이밍이 맞지 않았다. 인연이 아닌가 보다 했다. 8년 후, 모르는 번호로 연락이 왔다.

"나 누군지 알겠어요?"

"누구…"

"와, 대박 섭섭하네. Y!"

"아! 어쩐지 어디서 많이 들어본 목소리다 했어. 웬일? 잘 지냈어?"

"졸업하고 처음이죠? 제주교대 출신 친구랑 대학 시절 얘기하다 보니 오빠 얘기 나와서 전화해 봤어요. 나 지금 누구랑 있는지 알아요? H! 오빠, 대학 때 H랑 친했잖아요. 전화 바꿔줄게요."

이 연락을 받았을 때 어디서 뭘 하고 있었는지 또렷이 기억나는 건, 이 순간이 너무 영화 같았기 때문이다. 혹시 이 글을 읽고 계신 분 중 영화 제작자가 있을까요? 만약 이 순간을 영화로 제작할 수 있다면, OST는 The temper trap의 〈Sweet disposition〉이나 송창식의 〈우리는〉으로 깔아주시고, 남자 주인공은 키아누 리브스로, 여자 주인공은 샤를리즈 테론으로 해 주시면 감사하겠습니다. 둘 다 너무 좋아하는 배우라 둘이 열애설 터졌을 때 결혼까지 이어지길 바랐는데, 결별 엔딩으로 끝나서 마음이 아팠습니다. 제 영화에서 나마 커플로 이어지길 바라는 마음으로다가… 아, 쌉소리 그만하라고요? 죄송합니다. 너무 몰입해서 그만.

미리 말해두지만, 지금부터 내가 써 내려갈 시나리오를 두고 소설 쓰고 자빠졌네 라고 말할 사람이 분명 있을 텐데, 나는 자신 있게 말할 수 있다. 이 책에 생략한 내용은 많아도 쓴 내용 중에 거짓은 없다.

그때 나는 H를 마음에 두고 있었다. 나이도 내년이면 서른이겠다 결혼이란 걸 생각하지 않을 나이가 됐는데, 만약 결혼이란 걸 하게 된다면 어떤 여자랑 하게 될까, 아니 어떤 여자랑 해야 할까? 생각할 때마다 자꾸만 H의 얼굴이 떠올랐다. 이유는 단순했다. H는 돌이켜보면 볼수록 내 이상형의 실사판에 가까웠다. 결정적 순간마다 타이밍이 어긋났을 뿐.

갑자기 보고 싶네. 연락이나 해볼까? 졸업하고 연락 한 번 없다가 갑자기 연락하면 낌새를 챌 것 같고, 어떻게 하면 자연스럽게 연락할 수 있을까? 종일 이 생각만 하며 자재추(자연스러운 재회 추구) 작전을 구상하던 그때, 님께서 먼저 연락이 왔으니 얼마나 떨렸겠는가? H와 전화 연결이 됐을 때, 내 심장은 이미 최대심박수를 찍고 있었다.

앞서 말했지만, 얼마나 떨렸던지 전화를 받던 그 순간에 뭘 하고 있었는지까지 정확히 기억난다. 전화를 받았을 때, 나는 군대 후임과 함께 제주도 여행을 하고 있었다. 첫날 일정을 마치고 찜질방에서 옷을 갈아입다가 전화를 받았다. H의 이름이 나오자마자 군대 후임을 목욕탕에 먼저 들여보냈다. 떨리는 마음을 진정시킨 후 핸드폰을 두 손 모아 받아 들었다.

"잘 지냈어?"

대학 때도 가장 친하게 지냈던 후배였기에 대화는 급속도로 진전되었다.

"너네 지금 어디야? 제주도?"

"부산이요."

"부산에서 뭐 해?"

"Y랑 여행 다녀요."

"잘 됐다! 나 올해 초등학교 테니스부 감독 맡았는데, 일주일 후에 김천에서 열리는 테니스 대회 중간에 합류하기로 했거든? 김천만 갔다 오기엔 아쉬워서 낼모레 목포에서 사회과 돼랑이(후배) 만나기로 했어. 너도 돼랑이 잘 알지? 돼랑이랑 Y랑 해서 넷이 같이 여행 다니자. 차 한 대 렌트해서."

"잠깐만요. 전 시간 되는데 Y도 시간 되는지 물어볼게요. (잠시 후) Y도 시간 된대요."

며칠 후 우리는 부산에서 만났다. 대학 시절에도 넷이서 만난 적이 있었기 때문에 분위기는 여행 내내 화기애애했다. 대학 시절 에피소드를 말할 때마다 폭소가 터졌고 어떤 드립을 날려도 될 것 같은 분위기가 조성되었다.

"Y는 남자 친구 있다고 들었고, H는 남자 친구 없어? 결혼은 할 생각 있고? 결혼할 남자 찾다 찾다 도저히 못 찾으면 나한테 오는 건 어때?"

까르르– 뒤에서는 빠진 배꼽 찾느라 난리가 났다. 백미러로 슬쩍 봤더니 H도 웃고 있었다. 우리는 여행 도중 급속도로 가까워졌다. 아인슈타인의 상대성 이론은 너무 맞는 말이었다. 좋아하는 사람과 있으니 시간이 금방 갔다. 여행 마지막 날이 되었다.

"H, 여행 끝나고 어디로 갈 거야?"

"기차 타고 서울 가요."

"서울? 나도 김천 갈 건데 잘됐다. 기차 예약했어? 서울 가는 길에 김천도 거치지 않나? 아님 근처 동네라도 거쳐 갈 테니 내일 같은 기차 타고 가자."

"네. 좋아요."

다음 날, 우리 둘만 기차에 남아 대학 시절 이야기를 나누다 보니 영화 〈비포 선라이즈〉 같은 분위기가 조성되었다. 시나리오에 과몰입한 누군가는 '그럼 네가 에단 호크? 풋–' 했을 텐데, 여주인공은 줄리 델피보다 훨씬 예쁘다는 사실로 퉁치자. 시간은 어찌나 빠르게 흐르던지. 기차는 금세 김천에 도착했다. 부산과 김천이 이렇게 가까웠나? 하이퍼루프 개통한 줄.

'이번에 내리실 역은 김천역입니다.' 안내 방송이 나오고 있었지만, 도저히 자신이 없었다. 내릴 자신이. 어쩌면 지금이 내 인생의 결정적 순간이 될 수도 있겠다는 강한 예감이 들었다. 그 강한 예감은 아마도 미래에 태어날 단비와 다온이가 보냈을 것이다.

"김천 다 왔네요. 오빠 안 내려요?"

"괜찮아. 어차피 지금 내려도 시간이 많이 남아서… 중간에 몇 정거장 더 갔다가 돌아갈게. 아까 하던 얘기나 계속해 봐. 난 그때 그런 일이 있었는지도 몰랐어."

기차는 김천역을 출발했다. 한 시간 후, 눈치 없는 테니스 코치한테서 연락이 왔다. 예정보다 일정이 앞당겨져서 빨리 와야겠다고. 전화를 받는 내 표정이 급속도로 부패되는 걸 보자 H도 상황을 눈치챘다.

"빨리 오래요? 제주도에서 또 보면 되니까 이번 역에서 내려요."

차마 입이 안 떨어졌다. 일은 일인지라 별수 없이 다음 역에서 내려야 했다. 내리기 직전, H에게 말했다.

"여행 너무 즐거웠어. 어제 결혼할 남자 못 찾으면 나한테 시집오라고 말했던 거 기억나? 내가 가만히 생각해 봤는데… 오래 기다릴 필요 없을 것 같아. 그냥 지금 나한테 와."

??? 내가 지금 무슨 얘길 한 거지? 청춘 로맨스 드라마의 남주 역할에 너무 몰입해 버린 나머지 감독님한테 드라마 망칠 일 있냐며 폭풍 잔소리 들을 멘트를 뱉어버리고 말았다. 치익- 때마침 기차 문 열리는 소리가 들렸다. 도망치듯 기차에서 내렸다. 사태를 수습하기엔 이미 늦었다. 에라, 모르겠다. 이미 엎질러진 물이니 쿨한 척이라도 하자! H를 향해 쿨하게 손을 흔들었다. H도 손을 흔들었지만, 혼란스러운 표정을 감추진 못했다. 이때의 장면은 라이카 필름 카메라로 찍은 것처럼 지금도 선명하게 기억난다. 아마도 죽을 때까지 잊지 못할 것이다.

기차가 떠났다. 누구도 섣불리 문자를 보내지 못했다. 일생일대의 문자가 될 걸 알았기에 나의 모든 창작력을 집약하여 짧은 문자를 보냈다. 폴더폰으로 급하게 다운받은 징검다리 사진과 함께.

이 징검다리를 건너와. 다리를 건너기만 하면 내가 영원히 지켜줄게. 험한 세상의 다리가 되어.

가사가 낯익지 않은가? 1992년, 우리 집 차에서 처음 들은 노래, 가사가 너무 좋아서 '앤 페이니즈 오러라―운, 라이커 브리―초버 트러블 워러' 이렇게 가사를 들리는 대로 따라 쓰며 외웠던 그 노래 〈Bridge over troubled water〉(험한 세상의 다리가 되어). 이 노래 가사를 이렇게 활용하게 될 줄이야. H는 이틀 동안 답이 없었다. 내 인생에서 가장 길었던 이틀이었다. 셋째 날, 드디어 답장이 왔다.

그 다리 건너볼게요. 다시 한번 리베라 합창단의 〈Sanctus〉가 머릿속에서 울려 퍼졌다. 아아아아아― 아아아― 우리는 바로 그날 만났다. 그날의 마지막 데이트 장소는 노래방이었다. 노래방 가는 길에 비하인드 스토리를 고백했다. 부산 여행할 때 우리 노래방 갔었잖아? 그때 내가 불렀던 노래, 그거 다 너 들으라고 부른 거야. 이상하다고 생각 안 했어? 내가 노래방에서 라디오헤드의 〈High and dry〉 부를 사람은 아니잖아? 그 노래 내가 가장 잘 부를 수 있는 노래라서 선곡한 거야. 너한테 멋있어 보이려고 몇 달 동안 연습했어.

다리를 건너준 데 따른 보답으로 '징검다리 개통 기념 감사 디너쇼'가 열렸다. 노래방에서 나온 후에도 대화는 끊이지 않았다. 우리는 새벽 6시에 헤어졌다. 그 후로 1년 동안 내가 서귀포에서 제주시로 혹은 H가 제주시에서 서귀포로 넘어와서 데이트하다가 새벽 3시 넘어 헤어지는 루틴을 거의 매일

반복했다.

어느 날, H의 촉촉한 입술 사이로 인생 명대사가 흘러나오던 순간의 떨림을 기억한다.

"오빠를 만나기 전까진 사랑이 이런 감정인지 몰랐어요. 저는 더운데 팔짱 끼고 다니는 커플들 보면 이해를 못 했거든요. 오빠를 만나지 않았다면 평생 사랑이 어떤 감정인지 모르고 죽었을지도 몰라요. 사랑이 이런 감정이구나 알게 해 줘서 고마워요."

이게 영화라면 나 또한 그에 걸맞은 명대사로 받아쳤어야 했는데, 갑작스러운 명대사 공격에 감격한 나머지 나는 그저 웃고만 있었다. 아무리 졸려도 장거리를 달려 만났던 우리의 몽유병 연애는 몇 달간 지속되었다. 어느 날 내가 차를 타고 서귀포로 넘어오다가 드드드드- 소리가 들려서 눈 떠보니 가드레일을 들이받으며 달리고 있다는 걸 깨닫기 전까지는. 여러분, 운전하다 졸리면 자고 갑시다. 졸음운전 정말 무섭습디다. 아무리 그때가 체력 좋은 20대 후반이었다지만, 그 잠 많은 내가 하루에 서너 시간씩 자면서 어떻게 1년을 버텼나 싶다. 사랑의 힘은 위대하다.

다시 10년 후, 우리 사이엔 단비와 다온이가 생겼다. 어느 날 차 안에서 사돈어른이 돌아가셨다는 소식을 전해 들었다. 차 안에 정적이 흘렀다. 차 안에서는 Avicii의 〈Without you〉가 흘러나오고 있었다. 단비가 말했다.

"이 노래, 딱 지금 우리 상황을 표현한 노래 같아요."

단비의 얼굴 위로 내 얼굴이 겹쳤다. 30년 전, 아버지 차에서 흘러나오던 〈Bridge over troubled water〉를 들으며 아버지께 노래 제목을 물어보던 열한 살의 내 얼굴이.

세계적 석학 리처드 도킨스는 세기의 명저『이기적 유전자』에서 '인간의 몸은 유전자를 운반하는 운반체일 뿐이다. 인간의 몸이 소멸하더라도 유전자는 영생한다'라는, 당시로서는 파격적인 이론을 제시해 학계에 충격을 던진 바 있다. 내 사례는 이기적 유전자 이론을 증명하는 실증적 예시이다.

나는 지금도 그때 아버지 차에서 듣던 노래를 즐겨 듣는다. 단비와 다온이도 내가 차에서 틀어주는 노래를 좋아한다. 1992년, 할아버지가 선곡한 〈Bridge over troubled water〉는 2025년엔 아빠의 〈Without you〉가 되어 단비와 다온이에게 흘러 들어갔다. 먼 훗날, 내 유전자는 어떤 노래를 듣게 될까?

Interlude.

Outro.

스페셜 땡스 투

 어린 시절, 우리 동네엔 '동문 레코드'라는 이름의 레코드 가게가 있었다. 주인아저씨께 듣고 싶은 노래 목록을 종이에 적어 제출하면 공테이프에 녹음해 주셨다. 가격이 5천 원이었나? 완성된 카세트테이프를 받아 들고 집에 돌아올 땐 나도 모르게 발걸음이 빨라졌다. 집에 오자마자 카세트테이프를 오디오에 넣고 플레이 버튼을 눌렀다. 오디오의 플레이 버튼은 지금처럼 전자동 터치 방식이 아니어서 1센티미터 정도 꾹 눌러줘야 했다.

 딸깍, 설렘을 부르는 소리. 듣다 보면 앨범을 통째로 듣고 싶어지는 노래가 생겼다. 그럼 5천 원을 들고 다시 레코드 가게를 찾았다. 신해철의 〈날아라 병아리〉 들어있는 앨범 주세요. 이승환의 〈텅빈 마음〉 들어있는 앨범 주세요. 퀸의 〈Bohemian rhapsody〉 들어있는 앨범 주세요. 이런 식으로 수집한 카세트테이프가 꽤 됐다. 카세트테이프의 플라스틱 케이스 덮개를 열면 앨범 속지가 나왔다. 거기엔 노래 가사와 평론가의 앨범 소개, 가수의 앨범 제작 후기 등이 빼곡히 적혀있었다. 고딕체 6포인트 글씨로. 끝은 항상 'Special thanks to'로 끝났다.

노래 가사를 주제로 한 책이니만큼 나도 스페셜 땡쓰 투 하는 사람에게 노래 가사를 선물하는 것으로 마음을 대신 전한다.

To. 부모님

> 그렇게 사랑했던 기억을 잊을 수는 없을 거야.
>
> - 패티김, 〈이별〉

강정천에 놀러 갔던 날 기억 나요? 어머니와 기다란 튜브를 잡고 놀다가 튜브를 놓치는 바람에 둘 다 물에 빠졌던 그 날이요. 처음 물에 빠졌을 땐 숨을 쉬고 싶다는 생각뿐이었어요. 숨을 쉬려고 본능적으로 숨을 들이마시면 물이 밀려 들어 왔죠. 다시 숨을 쉬면 또 물이 들어오고, 배는 점점 불러오고 나중엔 배가 아플 지경까지 되었는데… 이젠 못 견디겠다, 제발 숨 좀 쉬자 하고 숨을 들이마시면 또 물이 들어오고. 이러다 죽는 건가 싶었죠.

그때, 누가 절 들어 올리는 느낌이 들었어요. 어머니가 물속에서 절 들어 올리고 있던 거예요. 덕분에 잠시나마 숨을 쉴 수 있었죠. 그 짧은 순간에 생각했어요. 내가 숨을 쉬고 있으니 어머니가 숨을 못 쉬고 있겠구나. 이번엔 제가 어머니를 들어 올렸어요. 이번엔 제가 물속으로 들어갔죠. 그걸 몇 번이고 반복했어요. 힘은 점점 빠져가고… 다행히 튜브가 손에 잡혀서 둘 다 빠져나올 수 있었죠.

그 모습을 지켜보던 사람들은 우리가 장난하는 줄 알았다는데, 그 말을 듣고 어찌나 섭섭하던지. 그 사람들은 우리가 물에 빠진 시간이 길지 않았다는데, 전 아직도 못 믿겠어요. 그 시간이 영원처럼 느껴졌거든요. 어머니가 절 들어 올렸을 때 1초 정도 숨 쉬었다가 다시 물속으로 들어갈 때 눈앞이 뿌예지던 기억은 잊지 못할 거예요.

돌이켜보면 저와 부모님의 관계도 그런 관계였던 것 같아요. 제가 지옥의 터널을 통과하고 있을 때, 뭔 일 있겠어, 별일 아니겠지 하며 지나치던 부모님이었지만, 그게 아니라는 걸 뒤늦게 알았을 땐 절 수면 위로 들어 올려주셨죠. 절 들어 올리면 본인이 숨을 못 쉬게 될 걸 알면서도.

누가 뭐래도 제가 살 수 있었던 건 부모님 덕분이에요. 살아보려는 의지도 부모님께 물려받은 거니까요. 이젠 저도 그때의 부모님 나이가 되었네요. 비로소 예전엔 보이지 않았던 것들이 보입니다. 애증의 마음은 거둬들이고 절 들어 올려주신 그 손길만 기억하려 합니다. 감사합니다.

To. 한빛, 하나, 단비, 다온

> You make my heart feel like it's summer
> When the rain is falling down
> 당신과 함께할 때 제 마음은 언제나 여름이었어요.
> 비가 퍼부을 때조차도.
>
> - Kodaline, 〈The one〉

무슨 말이 필요할까요. 가사가 제 마음을 대신 말해주는데… 우리가 함께일 때 제 마음은 늘 여름이었어요. 늘 푸르렀고, 늘 뜨거웠죠. 갑자기 비가 퍼부어도 전 그저 좋았어요. 그 비는 그토록 기다리던 '단비'였거든요. 구름 사이로 '한 줄기 빛(한빛)'이 비쳤어요. 비가 그친 후엔 다온이의 이름 뜻처럼 세상이 따뜻해졌죠. (다온: 마음에 온기가 많다. 그 온기를 세상에 나눠주라는 뜻) 뜨거우나 비가 오나, 슬플 때나 기쁠 때나 우리는 늘 '하나'예요.

우리가 하나일 때, 우리의 여름은 끝나지 않아요. 앞으로도 그럴 거예요.

To. 당신

When you walk through a storm

Hold your head up high

And don't be afraid of the dark

At the end of a storm, there's a golden sky

And the sweet sliver song of a lark

Walk on through the wind, walk on through the rain

Though your dreams be tossed and blown

Walk on, walk on with hope in your heart

And you will never walk alone.

폭풍 속에 홀로 걷더라도 고개를 당당히 들고,

어둠을 두려워하지 마요.

그 폭풍이 끝나면 금빛 하늘이 펼쳐지고

종달새의 달콤한 지저귐이 들려올 테니까.

바람을 헤치고, 비를 뚫고 걸어요.

당신의 꿈이 흔들리고 때론 날아가 버릴지라도

계속 나아가요. 계속 걸어가요.

마음속에 희망을 품고.

> 그러면 당신은 결코 혼자 걷지 않을 거예요.
>
> - Gerry&peacemaker, 〈You will never walk alone〉(리버풀 FC 응원가)

  당신이 없었다면 이 책은 쓰이지 못했을 거예요. 제 글은 일기장에서 잠자고 있었겠죠. 글이 써지지 않을 때마다 이 책을 들고 있는 당신을 상상하며 펜을 들었어요. 덕분에 여기까지 올 수 있었습니다. 감사합니다.

  이 책이 당신이 더 멀리 나아가는 데 도움이 되길 바랍니다. 세상을 살며 깨달은 게 있다면, 계속 나아가는 것 외에 삶을 살아가는 최선의 방법은 없다는 거예요. 희망을 품고 앞으로 나아가세요. 늘 좋은 일이 생길 거라는 약속은 못 드려요. 그럴 리 없으니까요. 하지만 이거 하나는 약속드릴게요. 당신은 결코 혼자 걷지 않을 거예요.